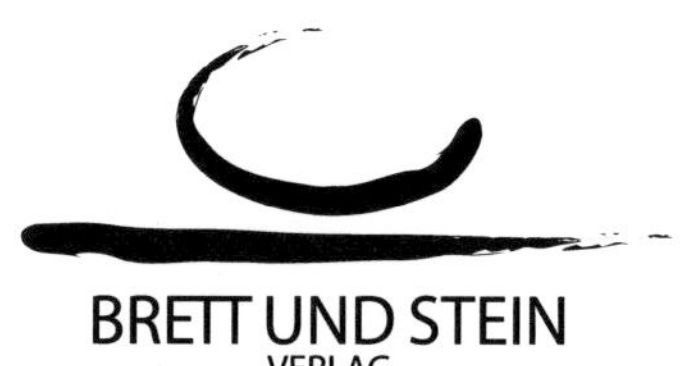
BRETT UND STEIN
VERLAG

GUNNAR DICKFELD

SİYAHIN SIRASI

GO ÇALIŞMA KİTABI

30 KYU - 25 KYU

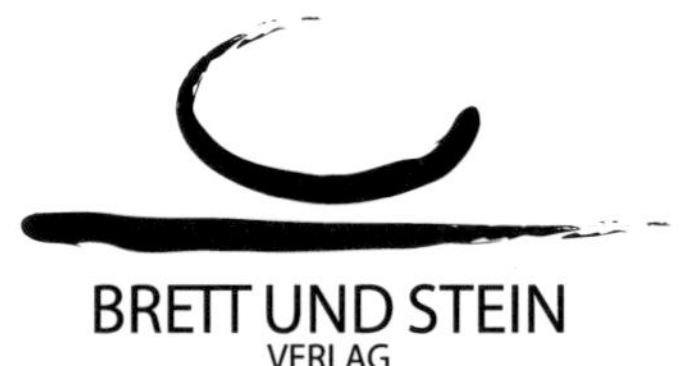
BRETT UND STEIN
VERLAG

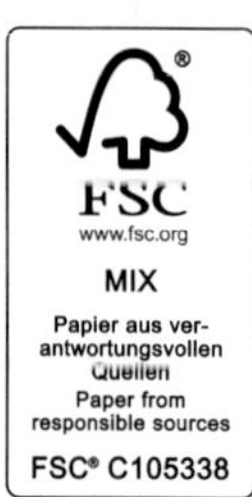

ISBN 978-3-940563-57-6

Biçim verme: HAMMERGEIGEROT
Matbaa: Books on Demand GmbH, Norderstedt
Tercüme: Ebru Bodur

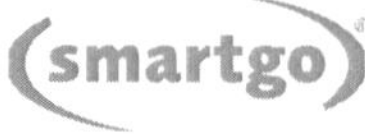

Bu kitabın diyagramları SmartGo™ yaratılmış.
http://www.smartgo.com

Almanyada basıldı / Printed in Germany

Önsöz

Asya strateji oyunu Go insanları büyülüyor ve yaklaşık dört bin yıldır ilham veriyor. Bu yaratıcı düşünme gelişimi için yararlı bir araç olarak kabul edilmektedir.

Go oldukça karmaşık ve gizemli bir oyun olarak kabul edilebilir, kurallar çok basit ve oyun satraçdan daha kolay. Ana kurallari öğrenmek sadece birkaç dakika gerektirir. Böylece genç yaşta çocuklar heyecanlı oyunlar ile eğlenebilir. Oyunculara özgürlük bırakan birkaç ve az kısıtlayıcı kurallar sınırsız oyun pozisyonları ve kombinasyonları sağlıyor.

Bu çalışma kitabı daha yeni oyunla tanışan oyuncular için taşarlanmıştır. Bu size kuralları derinleştirebilmek ve ilerletebilmek için görevleri verir. Siz sadece bireysel taşların birbirlerine bağlantılarını ve bağlılıklarını tanıyabilmeyi ve bu temelde kendi oyununuzu düzeltebilmeyi öğreneceksiniz. Görevlerin zorluk derecesi kitabın başından sonuna kadar artıyor.

Göreceksiniz ki sadece oyunun büyük bir zevki ve anlayısını arttirmayi değil, aynı zamanda arkadaşlarınızı ve oynamaya ortaklarını akilli hamlelerle şaşırtabildiginizi göreceksiniz!

Gunnar Dickfeld

Içindekiler

Go-kurralar

Yerleştirmek

Oyuncular taşları sırayla tahta sıralarına boş olan kesişme noktalarının üzerine yerleştirip, herhangi serbest kesişme noktaşı seçebilir. Yerleştirilen taş yerinden hareket edilemez. Siyah ilk taşı yerleştirerek oyunu başlatır. Bir oyuncu taşı yerleştirmekten vazgeçebilir (ertelemek).

Set taşların sayısının artması ile zincirler ve gruplar oluşur.

Bölgeyi çevrelemek

Oyuncular oyun tahtaşının parçalarını cevrelemek için sırayla taşları yerleştirmeyi dener. Çevrelenen yüzeylere bölge deniliyor.

Taşların cevresini sarmak

Oyun alanına döşenen tek taşın dört dolaysız komşu kesişme noktasına özgürlük deniliyor ama sadece yatay veya dikey komşu noktaları olarak kabul ediliyor. Eğer taş sınır hattında duruyorsa, onun sadece üç özgürlükleri vardır. Alıştırmaların "Özgürlük" bölümünde misalların devamını bulabilirsiniz.

Rakip azar azar komşu kesişme noktaları işgâl ederse, sonra tek taşın çevresini sarmıs olur, o zaman kaybetmiş diye gecer ve tahtadan alınır. Çapraz noktaları doldurulması gerekilmez.

Bitisik taşlar zincire oluşturulur ve sadece bir bütün olarak yenilebilinir. Son özgürlüğün işgâli ve yenilen taşları çıkarılması bir hamle oluyor. Taşları yenmemin alıştırmaları "Atari" ve "Yenmek" bölümünde bulunuyor.

Intihar girisimi

Hiç bir taş özgürlüğü olmayacak şekilde yerleştirilemez. Bu tür hamleler intihar ile eşit oldugu için, bu kurala "Intihar girişimi" denilir. Ancak bir veya birkaç hamle ile rakip taşlar yenilirse, o zaman yerleştirilen taş en az bir özgürlük alır: Yenilmek intihardan önce gelir.

Bazı hamlelerin mümkün olup olmadığını "caiz mi?" bölümünde alıştırma yapabilirsiniz.

Ko-kuralı

Eğer bir taş öbür taşı yendiyse, o zaman bir sonraki hamlede yenilemez.

Şayet bir beyaz taş sıyah taşı yenerse, o zaman sıyah hemen geri yenemez. Bu hamle bu seferliğine yasaktır. Eğer siyah ilk taşı diğer yere yerleşdirirse, o zaman sonradan Ko'yu yenebilir. O zaman beyaz hemen geri yenemez. Bunun için "Ko" bölümünde alıştirma bulunur.

Bölge ve esirler

Eğer iki oyuncu hamlelerini ertelediyse, Go oyunu bitmiştir. Bu şu anlama gelir, her iki oyuncu taş yerleştirmek istemiyorlardır, çünkü daha fazla puan alınamiyordur. Şimdi yakalanan taşlar tahtadan alınır ve oyun sırasında yenilen taşlarının yanına koyulur. Ondan sonra oyuncular saymaya başlar.

Tüm aynı renk taşlarla çevresi sarılmış kesişme noktaları sayılır. Ilk olarak tüm yenilen ve saymaya başlamadan önce tahtadan alınan taşlar tahtanın üstüne koyulur: Siyah taşlar siyah bölgeye ve beyaz taşlar beyaz bölgeye.

Böylece oyuncularının puan sayısı azaltabilirsiniz. "Oyun bitişi" bölgesinde alıştırmalar bulabilirsiniz.

Özgürlük

Go taşların komşu noktaları var, özgürlük deniliyor.

Kaç özgürlük siyah taşlarda vardır? Size ilk alıştırmada numaralama yardım eder.

1

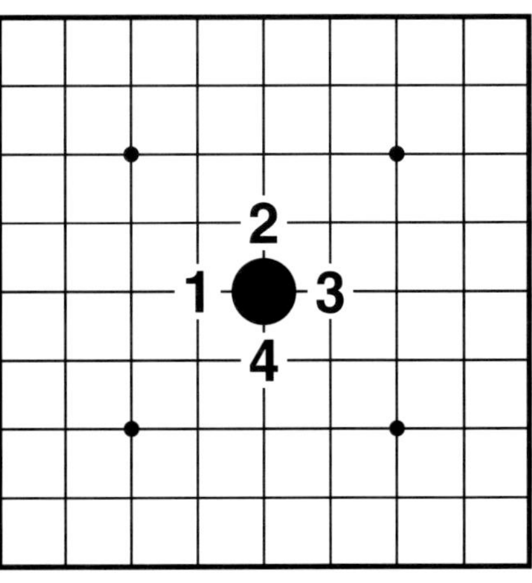

Siyah.
Kaç özgürlük sizin iki taşlarınızda vardır?

2

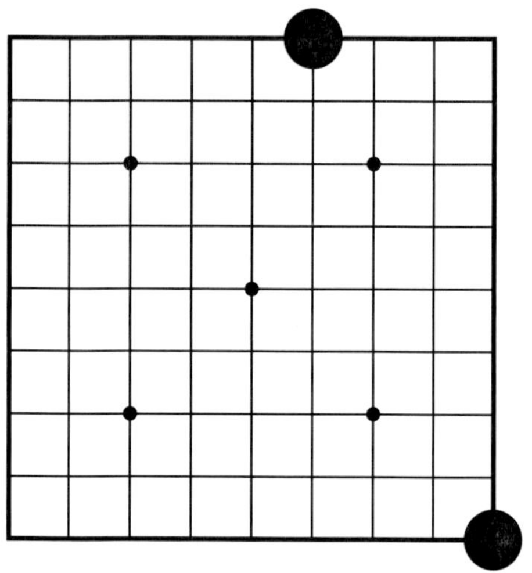

Siyah.
Kaç özgürlük sizin siyah taşlarınızda vardır?

3

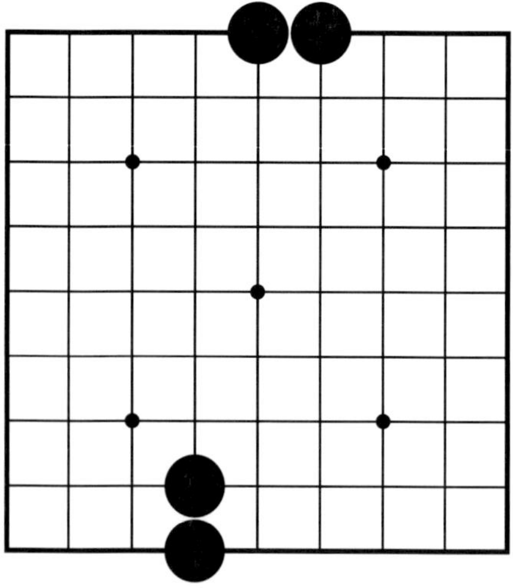

Siyah.
Kaç özgürlük sizin taşlarınızda vardır?

4

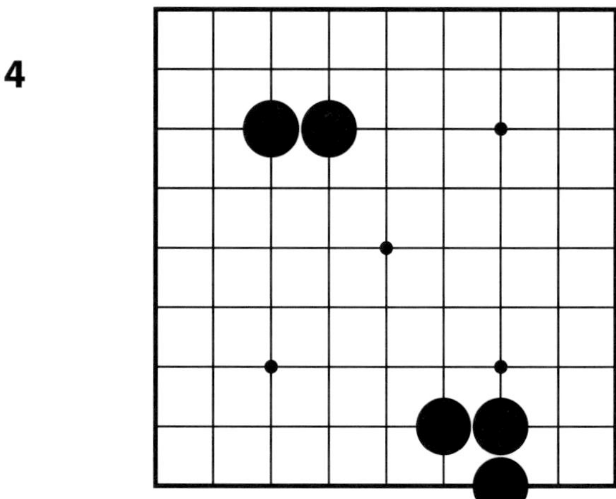

Siyah.
Kaç özgürlük sizin siyah taşlarınızda vardır?

5

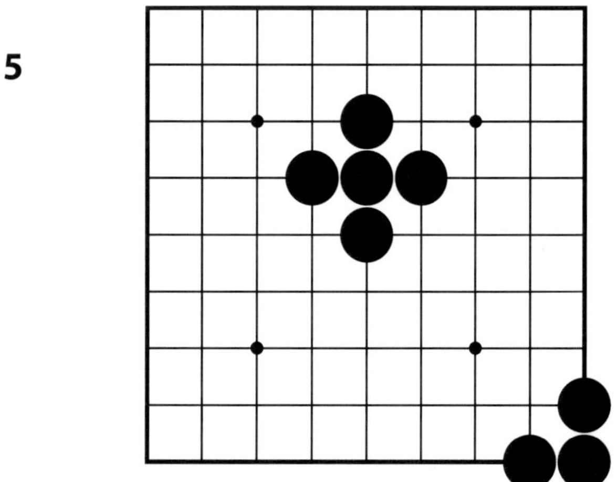

Siyah.

Kaç özgürlük sizin taşlarnızda vardır?

6

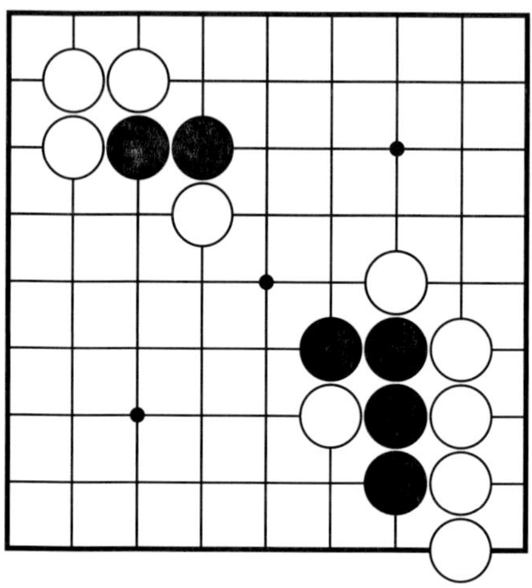

Siyah.

Kaç özgürlük sizin beyaz taşlarınızda vardır?

7

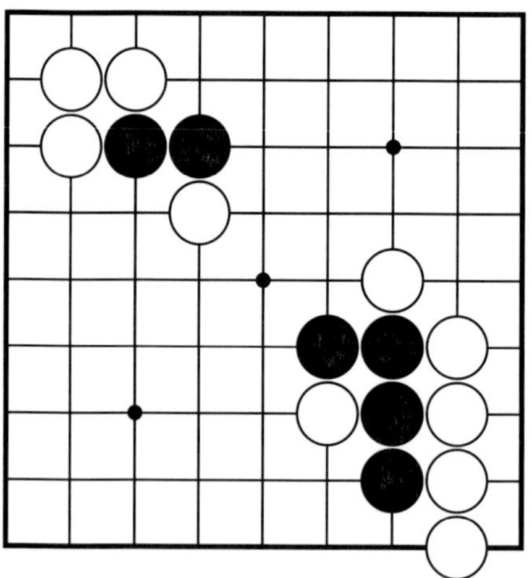

Atari

Go taşların tek boş komşu noktaları varsa, o zaman Atari'de bulunur ve diğer sırasında yenebilir.

Beyaz işaretli taş Atari'de bulunur. Yenmek için, nereye hareket etmeniz gerekli?

8

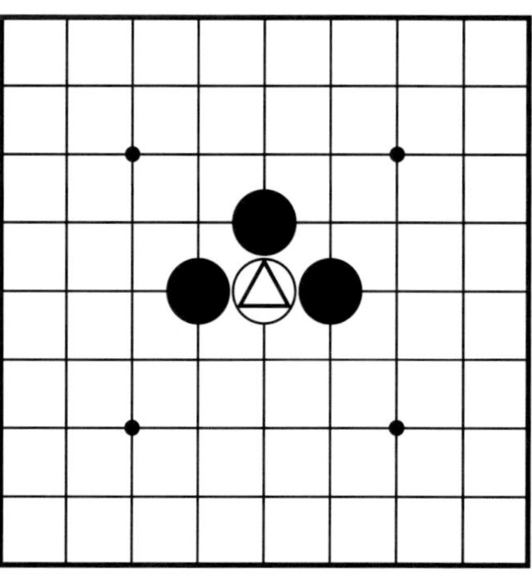

Siyahın sırası.

Iki beyaz taşlar Atari'de bulunur. Yenmek için, nereye hareket etmeniz gerekli?

9

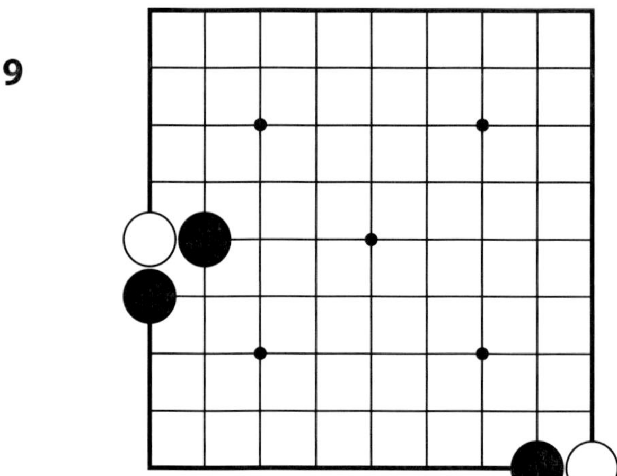

Siyahın sırası.

Hangi beyaz taşlar Atari'de bulunur?

10

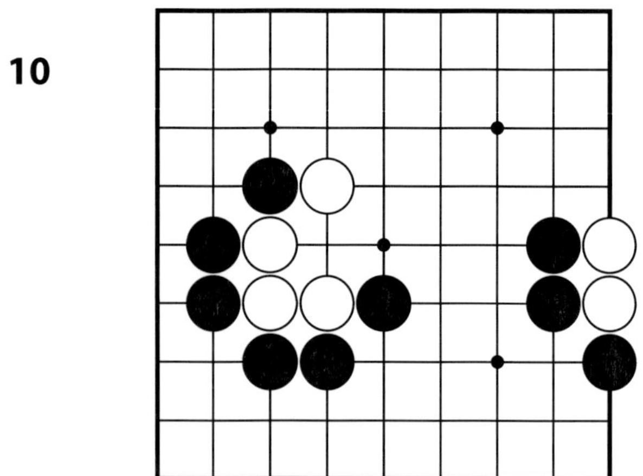

Siyahın sırası.

Iki beyaz taşlar Atari'de bulunur. Yenmek için, nereye hareket etmeniz gerekli?

11

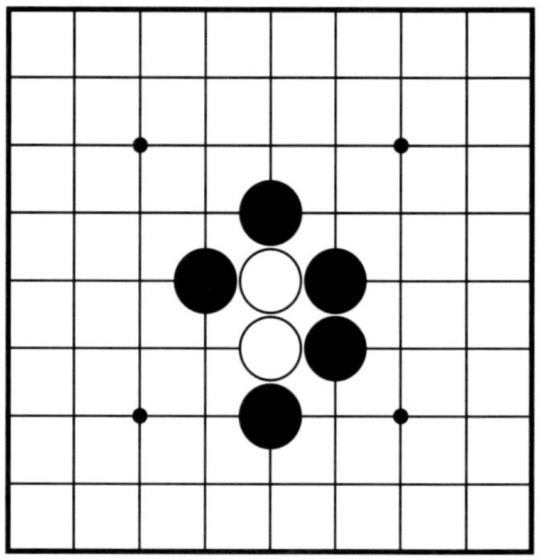

Siyahın sırası.

Hangi beyaz taşlar Atari'de bulunur?

12

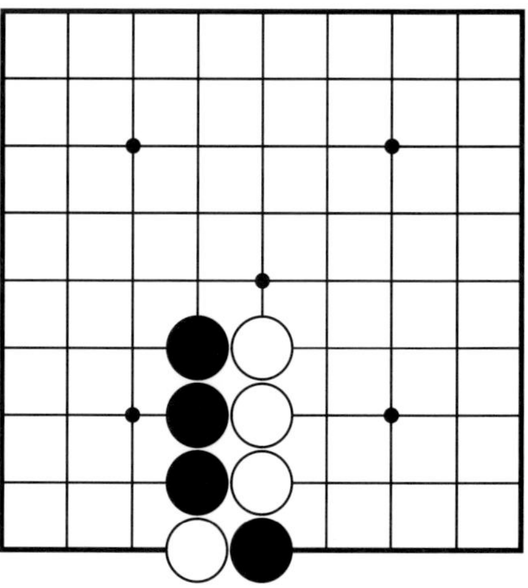

Siyahın sırası.

Iki beyaz taşlar Atari'de bulunur? Nasıl yenebilirsinz?

13

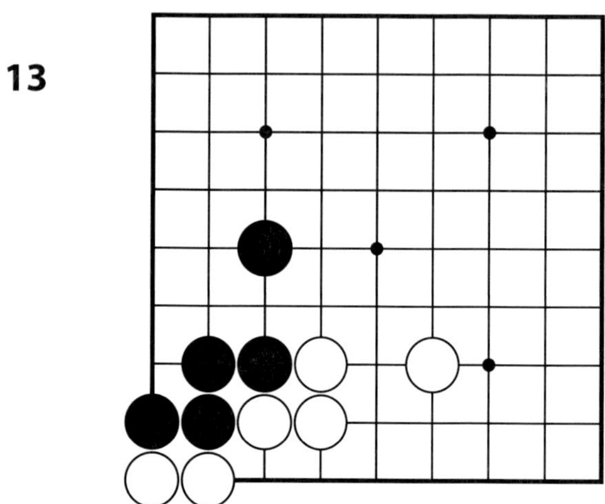

Siyahın sırası.

Beyaz taşlar Atari'de bulunur. Nasıl yenebilirsinz?

14

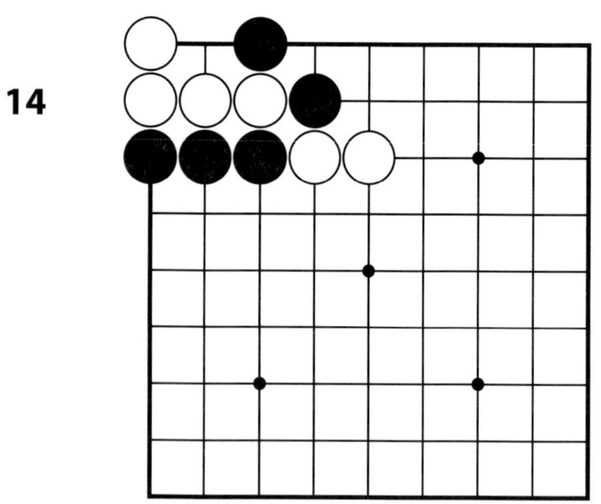

Siyahın sırası.

Hangi taşlar Atari'de bulunur? Nerde yenebilirsiniz?

15

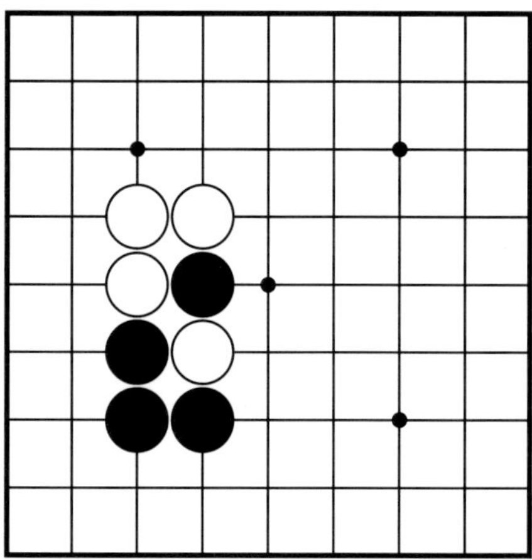

Siyahın sırası.

Hangi taşlar Atari'de bulunur? Nerde yenebilirsiniz?

16

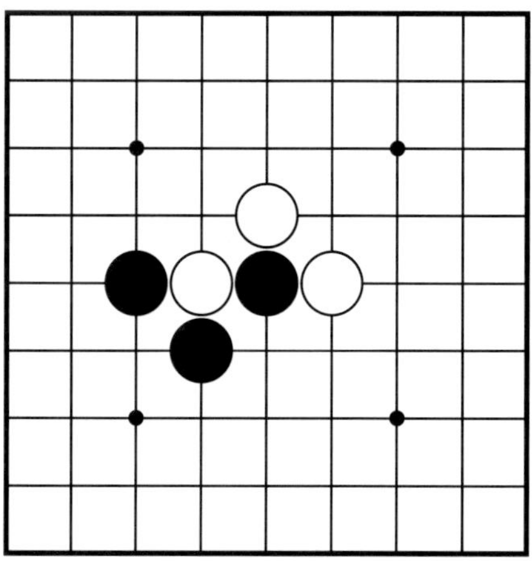

Siyahın sırası.

Hangi taşlar Atari'de bulunur? Nerde yenebilirsiniz?

17

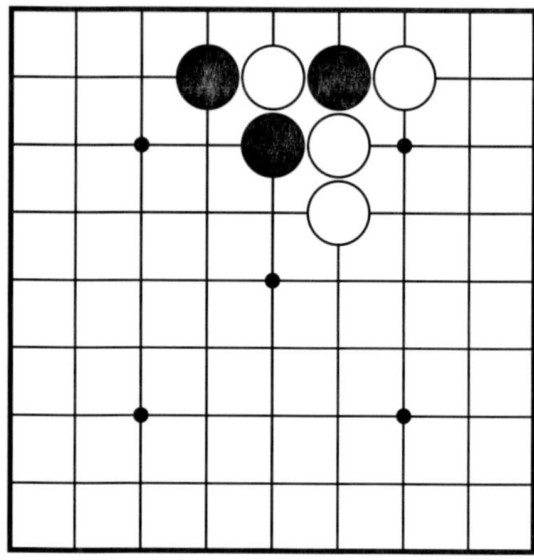

Siyahın sırası.

Hangi taşlar Atari'de bulunur? Nerde yenebilirsiniz?

18

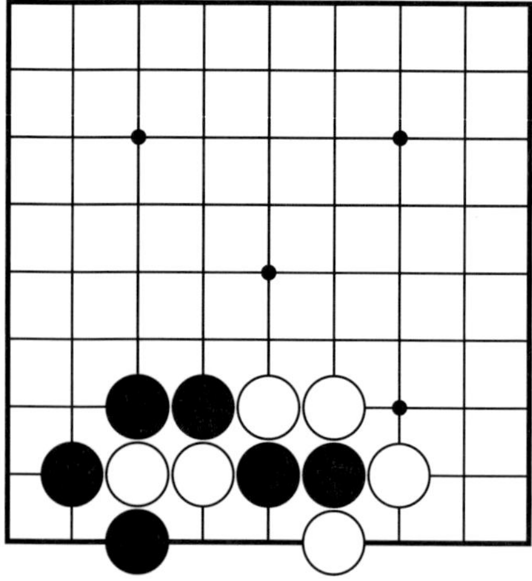

Yenmek

Go oyununda en önemlisi taşları yenmekdir. Gelen alıştırmalarda hangi taşları yenmeniz için farkına varmak lazım olur.

Yenmek için, hangi taşı hareket etmeniz gerekli?

19

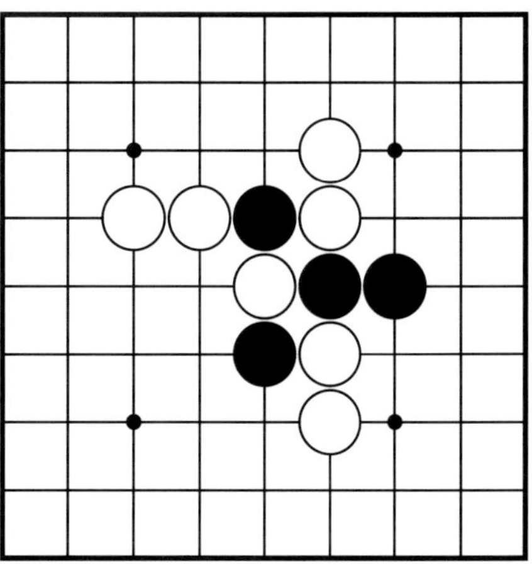

Siyahın sırası ...

... ve beyaz taşları yener!

20

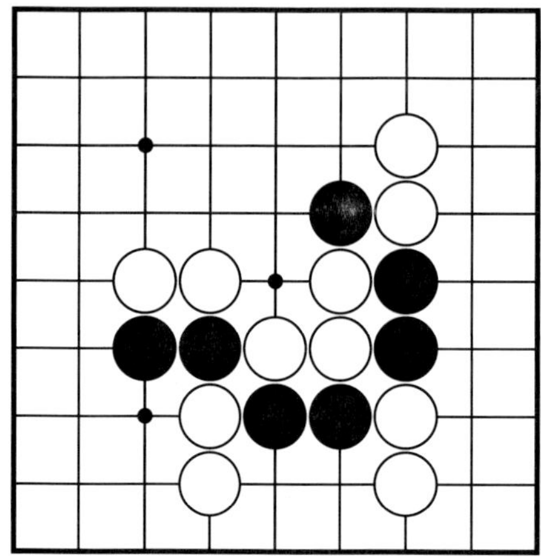

Siyahın sırası ...

... ve bir beyaz taşı yener!

21

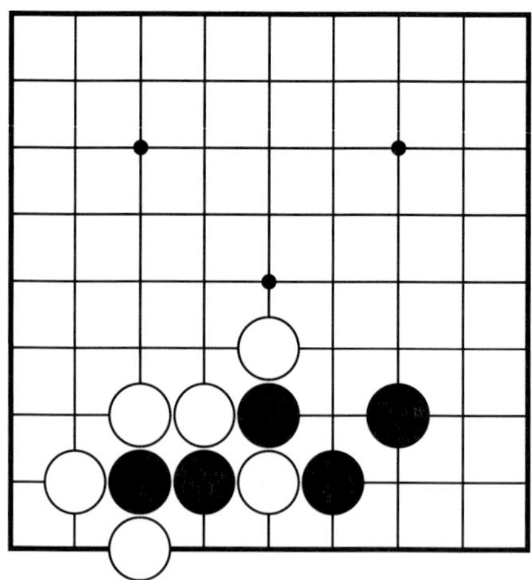

Siyahın sırası ...

... ve beyaz taşları yener!

22

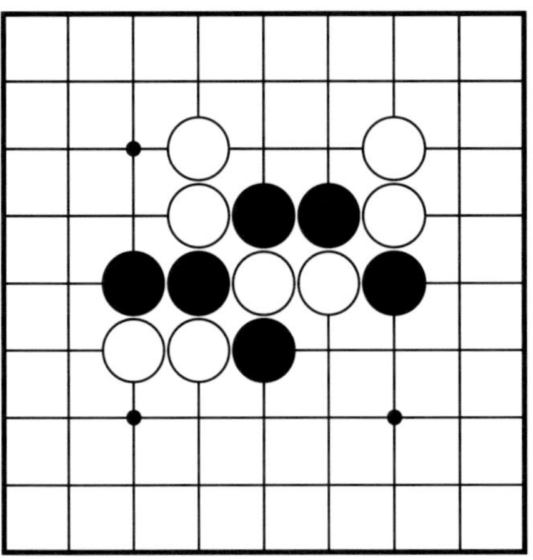

Siyahın sırası.

Hangi taşları yenebilirsiniz?

23

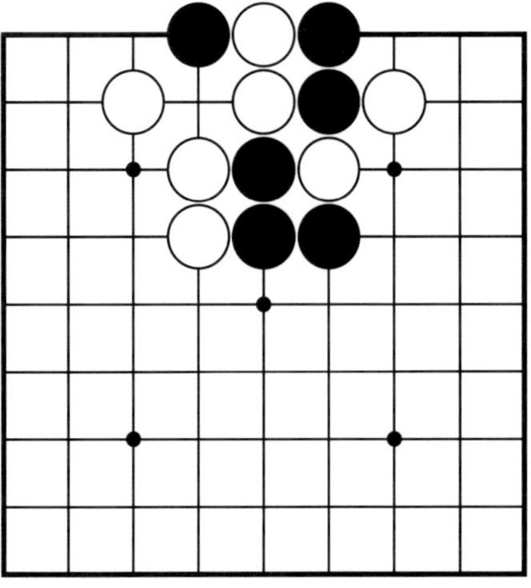

Siyahın sırası ...

... ve beyaz taşları yener!

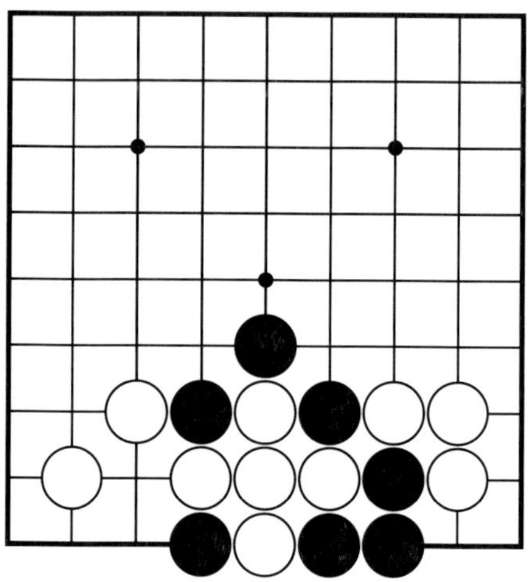

Siyahın sırası.

Yenmek için, nerede lazım olur?

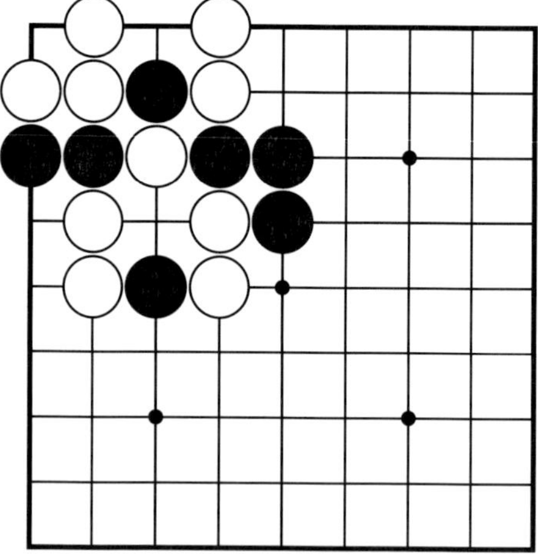

Siyahın sırası.

Yenmek için, nerede lazım olur?

26

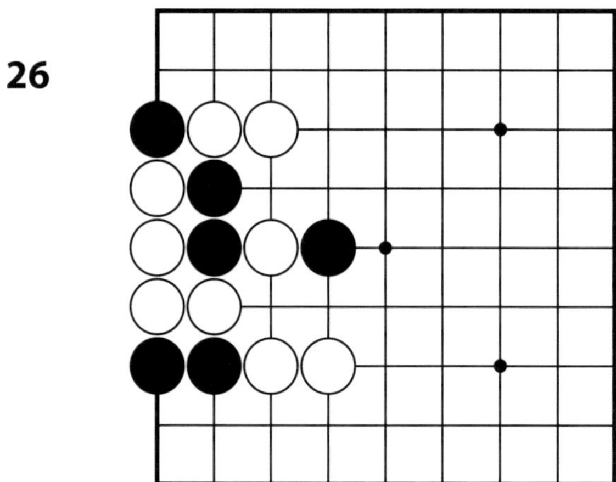

Siyahın sırası ...

... ve beyaz taşları yener!

27

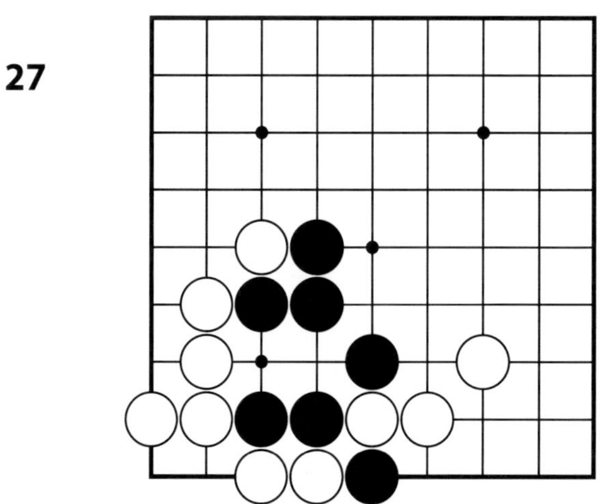

Siyahın sırası ...

... ve beyaz taşları yener!

28

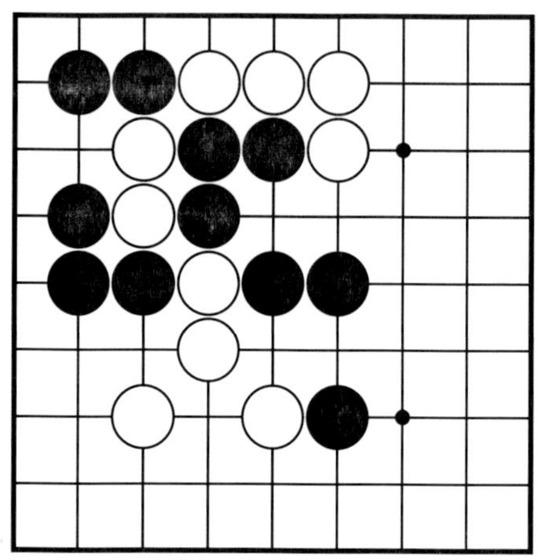

Siyahın sırası ...

... ve beyaz taşları yener!

29

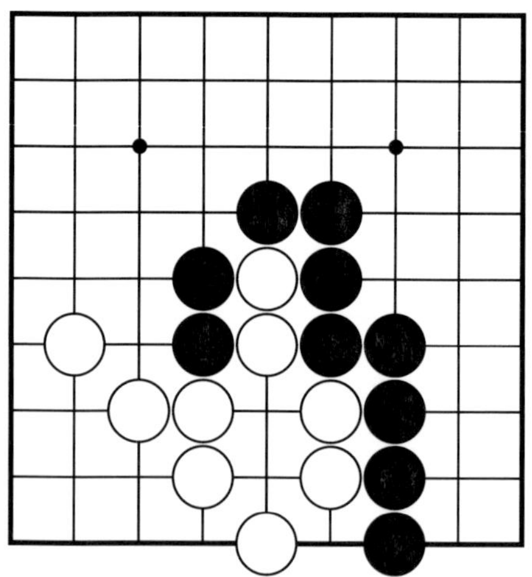

Birliştirmek

Atari'de taşlar kurtulabilir. Başka taşları birliştirince en güvenli çıkar yolludur, çünkü birliştiren taşlar özgürlük kazanırlar.

Yenilmemek için, beyaz işaretli taşı nasıl korursunuz?

30

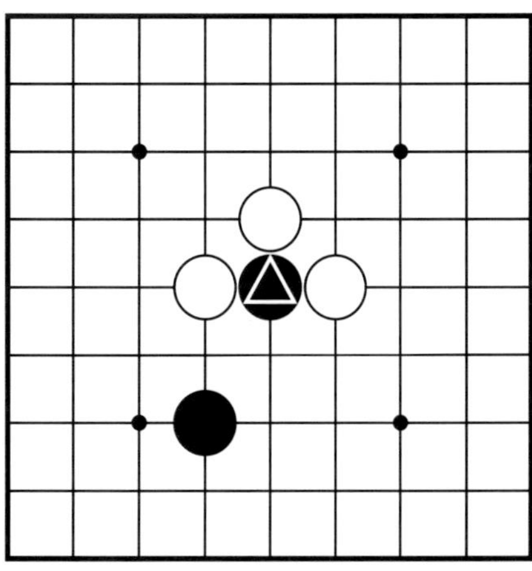

Siyahın sırası ...

... ve Atari'deki işaretli taşı kurtarın!

31

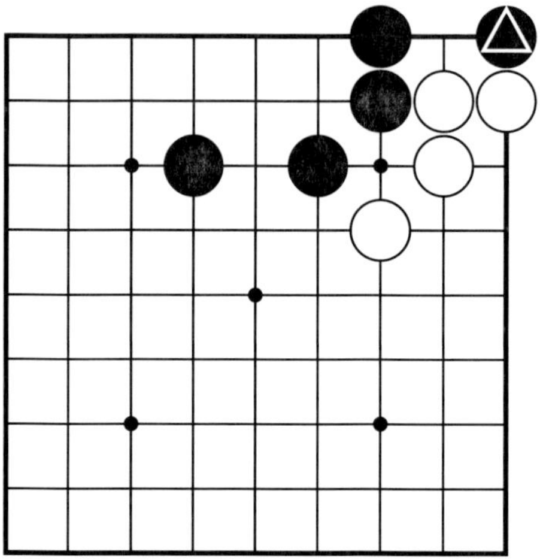

Siyahın sırası.

Iki siyah taşlar Atari'de bulunur. Nasıl işaretli taşları kurtarırsınız?

32

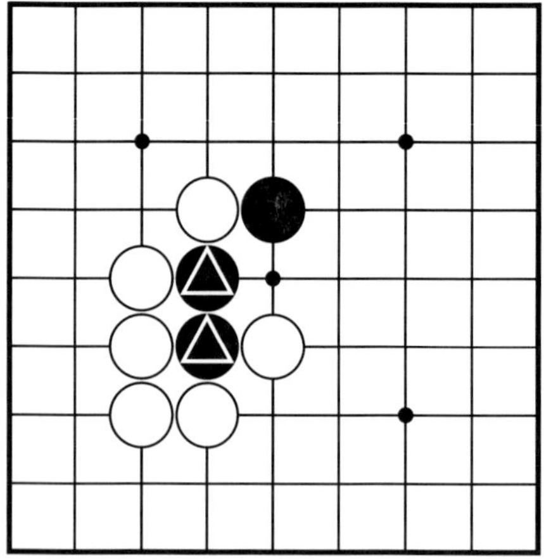

Siyahın sırası.

Siyah bir taş Atari'de bulunur. Nasıl o taşı kurtarırsınız?

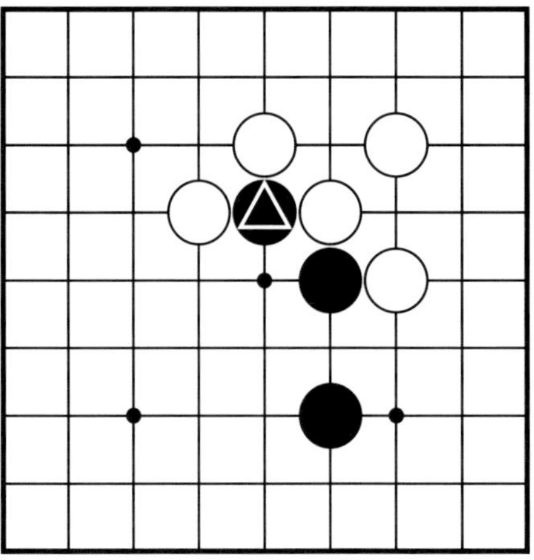

Siyahın sırası ...

... ve Atari'deki işaretli taşları kurtarın!

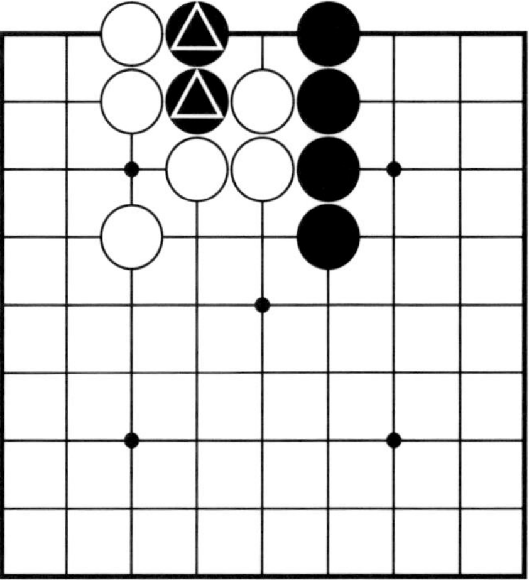

Siyahın sırası ...

... ve Atari'deki işaretli taşları kurtarın!

35

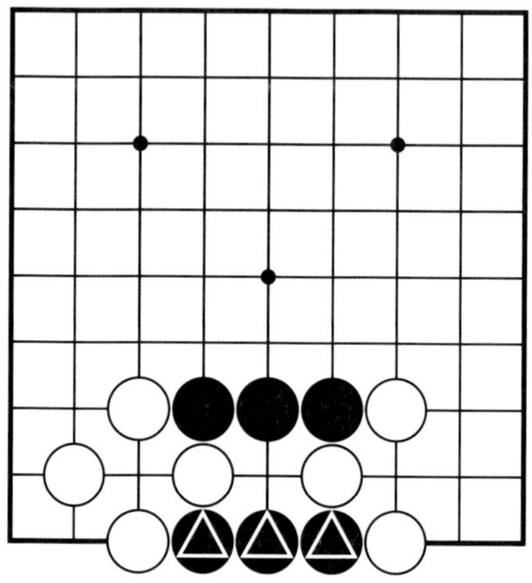

Siyahın sırası ...

... ve işaretli taşları kurtarın!

36

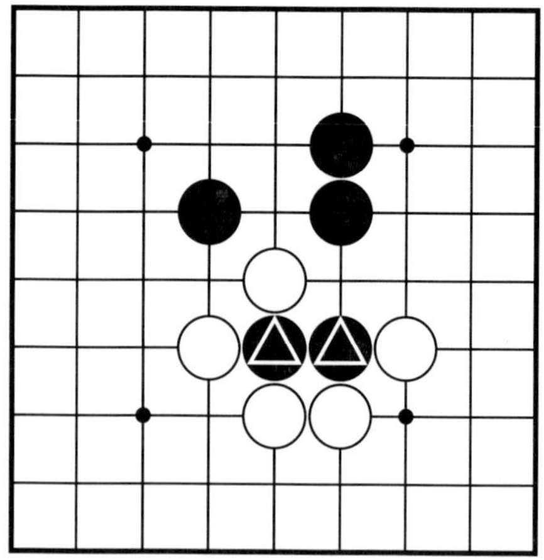

Siyahın sırası ...

... ve Atari'deki işaretli taşları kurtarın!

37

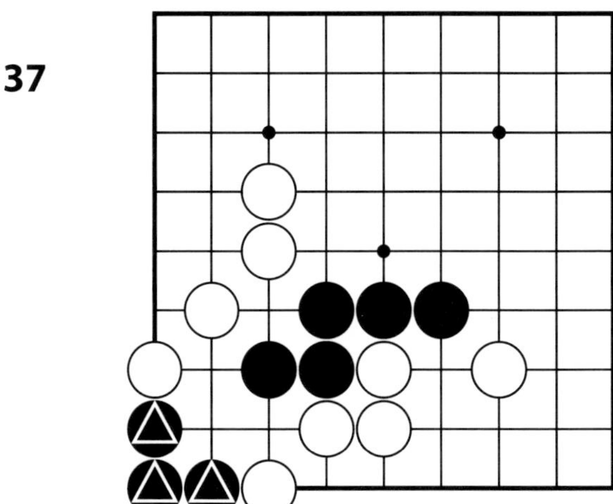

Siyahın sırası ...

... ve işaretli taşları kurtarın!

38

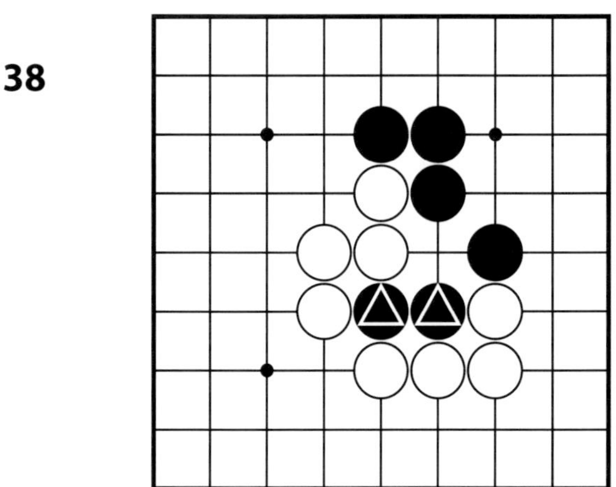

Siyahın sırası ...

... ve taşları birliştirin!

39

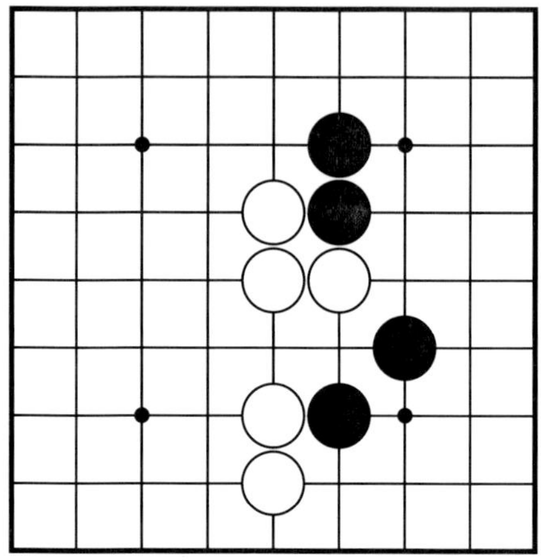

Siyahın sırası ...

... ve taşları birliştirin!

40

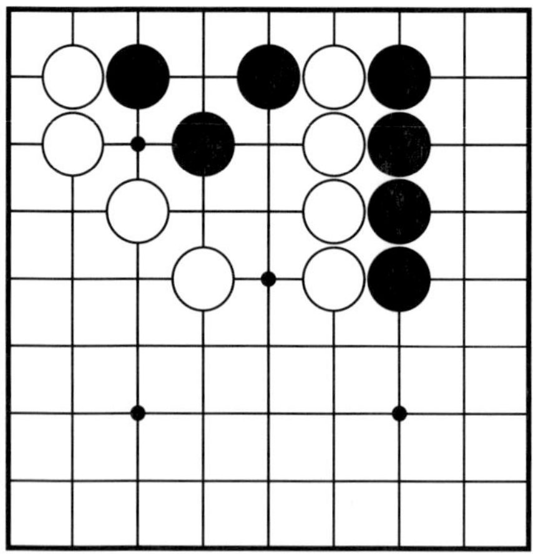

Yön

Atari'de rakipin taşları yerleştirmek için zor değildir. Tabii ki doğru yönü seçmek için önemlidir, yoksa taşlar kaça bilirler.

Hangi Atari oynamak istersiniz: A veya B?

41

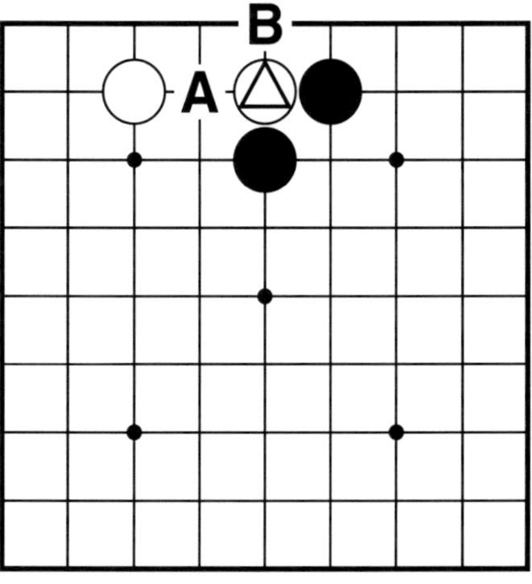

Siyahın sırası.

Hangi Atari doğrudur: A veya B?

42

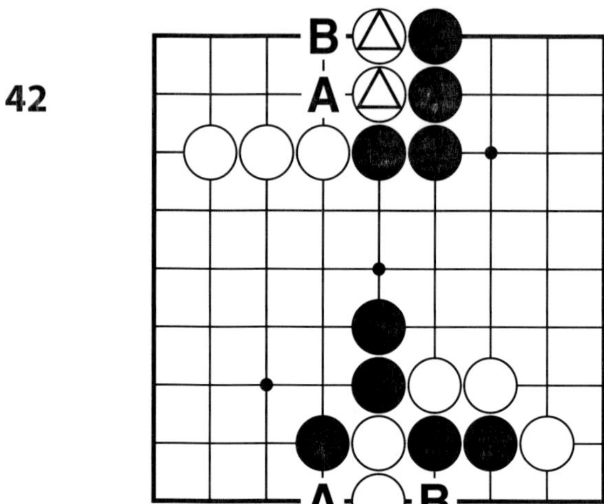

Siyahın sırası.

Hangi Atari üc beyaz taşları yakalar: A veya B?

43

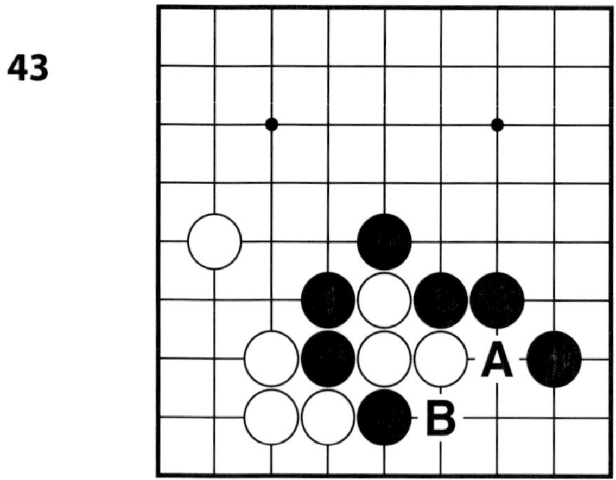

Siyahın sırası.

Hangi Atari oynuyorsunuz: A veya B?

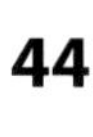

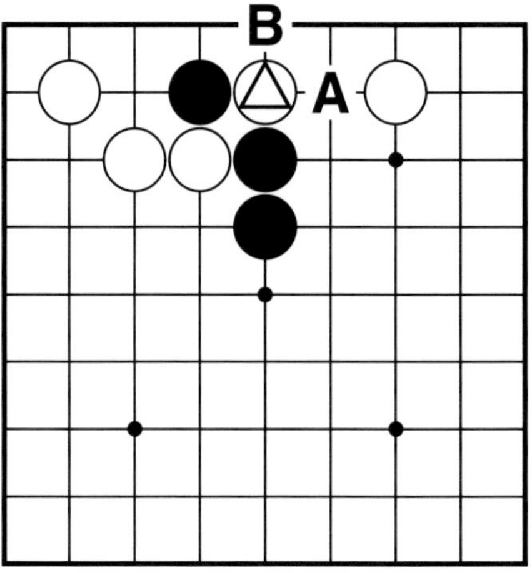

Siyahın sırası.

Hangi Atari oynuyorsunuz: A veya B?

45

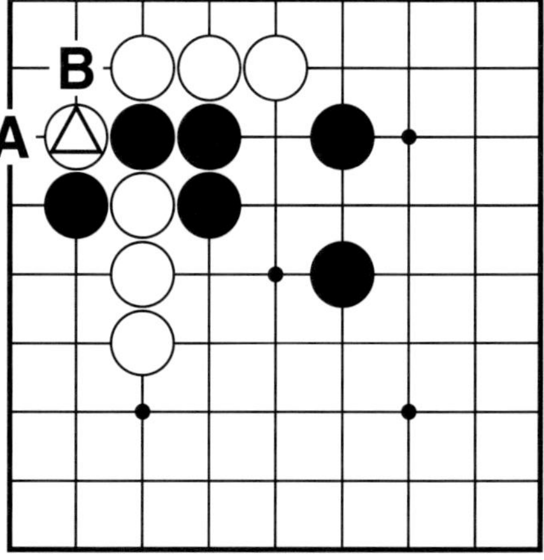

Siyahın sırası.

Hangi Atari doğrudur: A veya B?

46

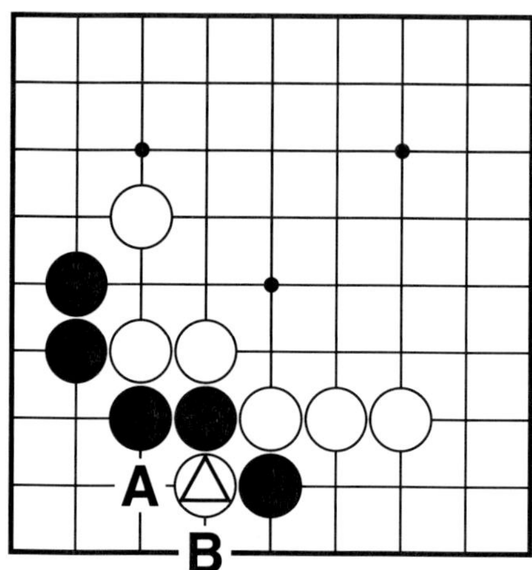

Siyahın sırası.

Hangi Atari oynuyorsunuz: A veya B?

47

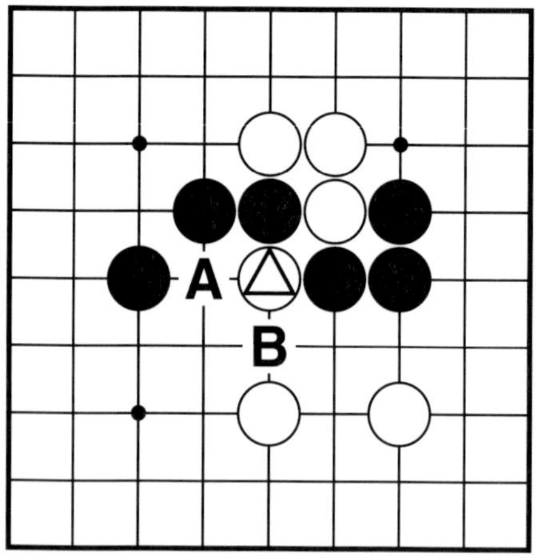

Siyahın sırası.

Hangi Atari doğrudur: A veya B?

48

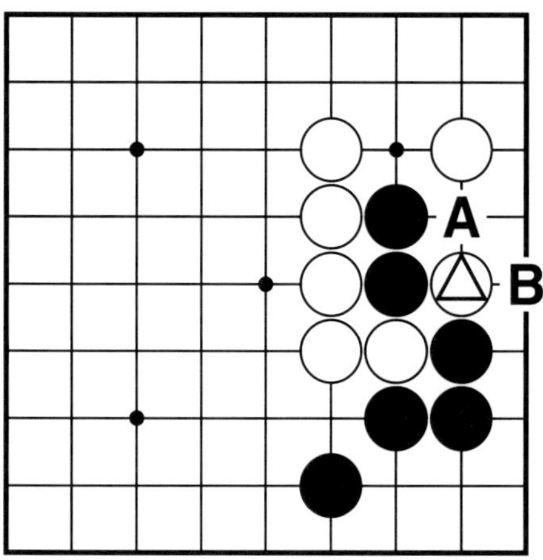

Siyahın sırası.

Hangi Atari oynuyorsunuz: A veya B?

49

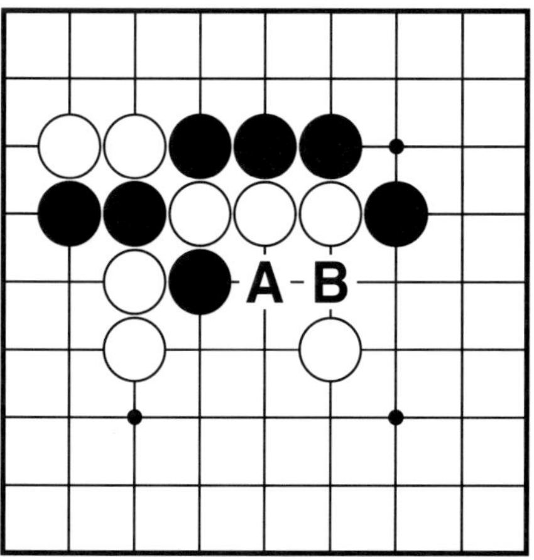

Siyahın sırası.

Hangi Atari oynuyorsunuz: A veya B?

50

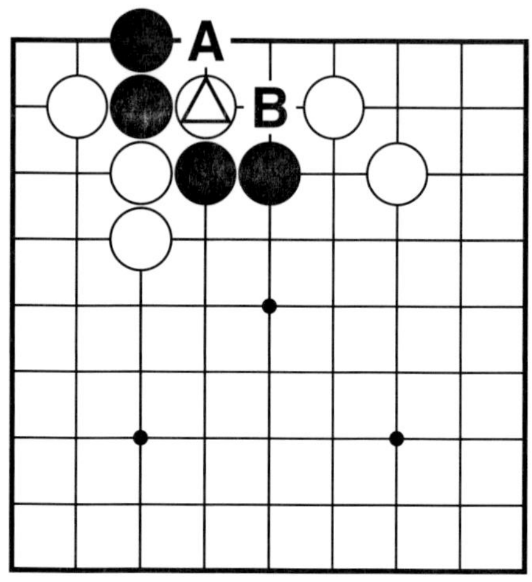

Siyahın sırası.

Hangi Atari siyah oynusun: A veya B?

51

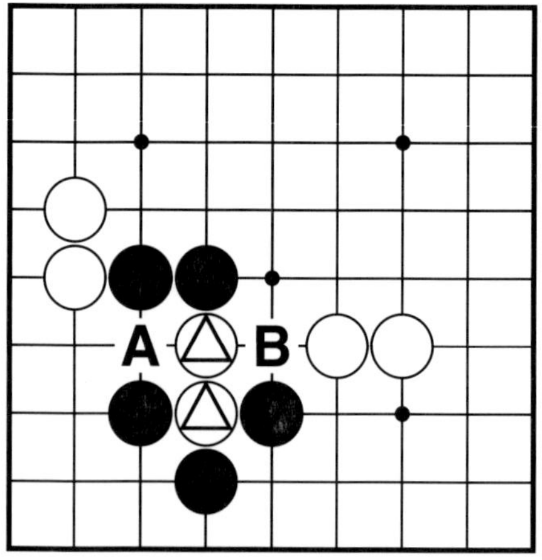

Caiz mi?

Birkaç sıralar Go oyununda caiz değil, çünkü intihar yasaktır. Yenmek intihardan önce gelir.

Siyahın sırası 1 caiz mi?

52

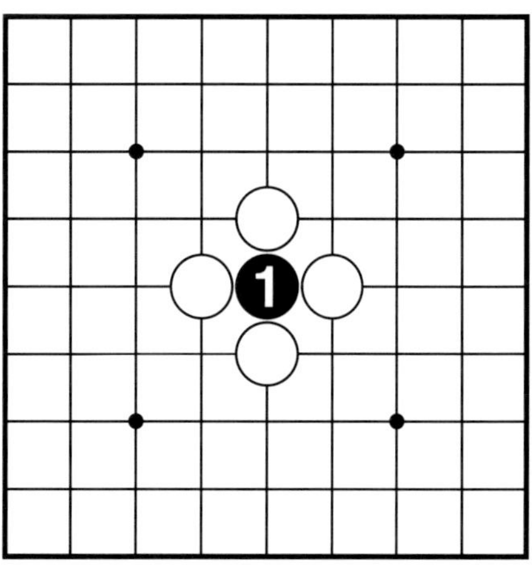

Siyah.

Buradaki gösterililmiş sıralar caiz mi?

53

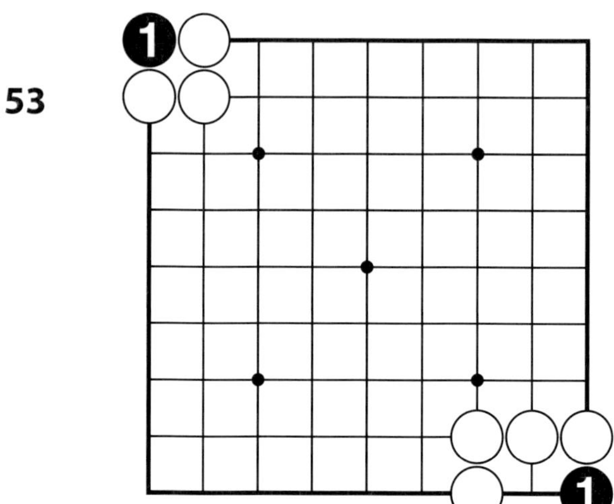

Siyah.

Buradaki gösterililmiş sıralar caiz mi?

54

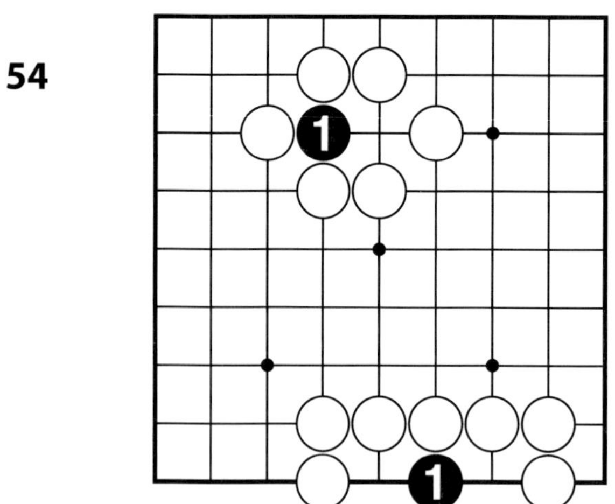

Siyah.

Siyah sıradaki 1 caiz mi?

55

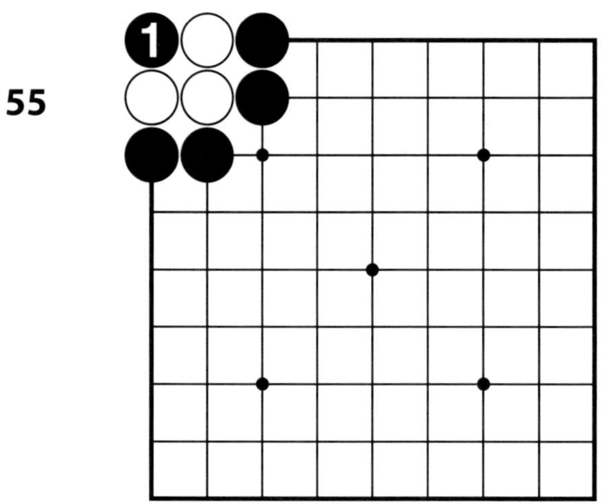

Siyah.

Buradaki gördüğünüz birinci sırası oynaya bilirmisiniz?

56

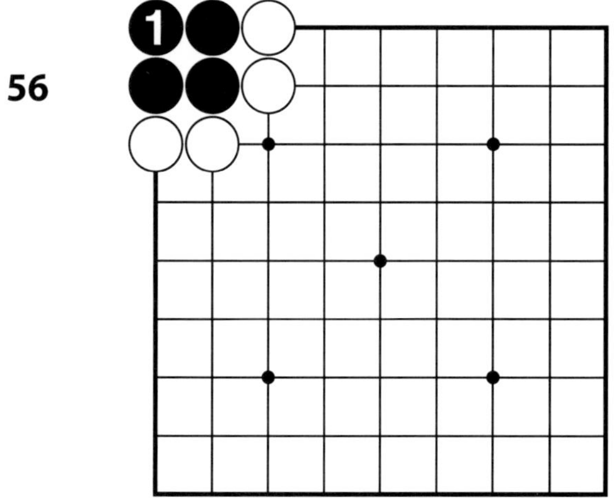

Siyah.

Buradaki gördüğünüz birinci sırası oynaya bilirmisinlz?

57

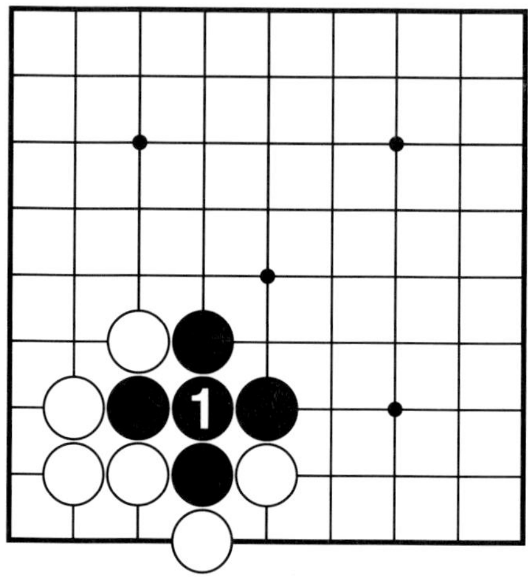

Siyah.

Siyah sıradaki 1 caiz mi?

58

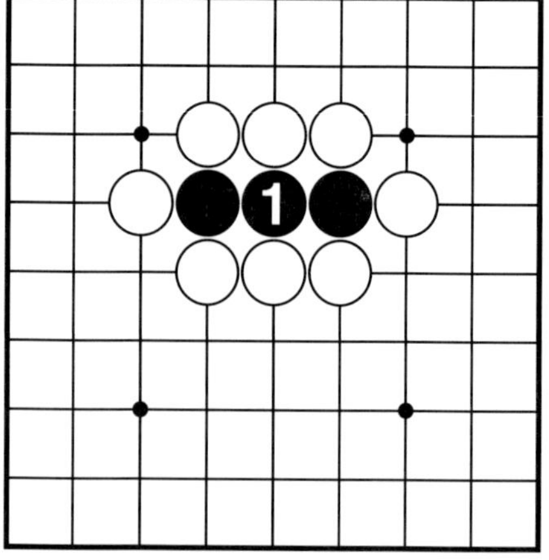

Siyah.

Buradaki gördüğünüz birinci sırası oynaya bilirmisiniz?

59

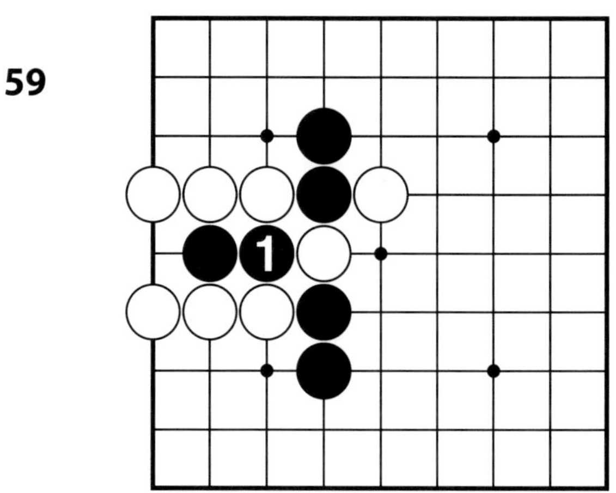

Siyah.

Buradaki siyah sırası 1 intihar mi veya beyaz taşları mi yeniyor?

60

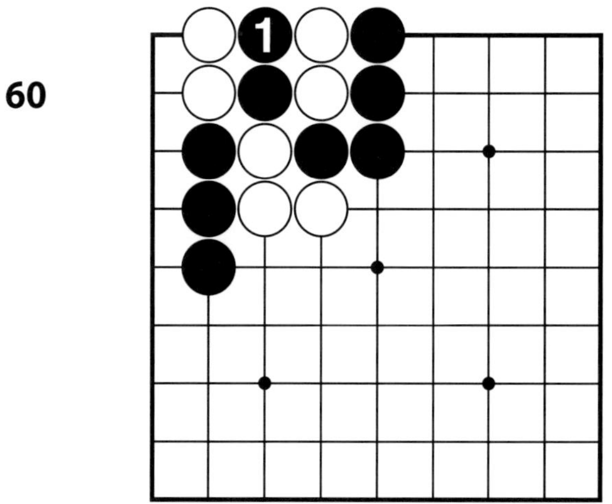

Siyah.

Buradaki gördüğünüz birinci sırası oynaya bilirmisiniz?

61

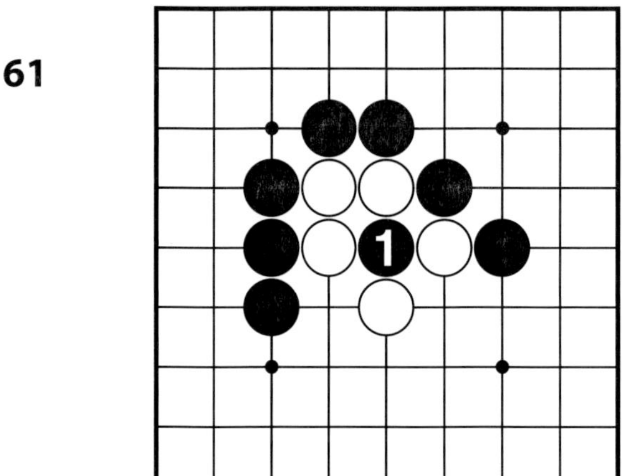

Siyah.

Buradaki gördüğünüz birinci sırası oynaya bilirmisiniz?

62

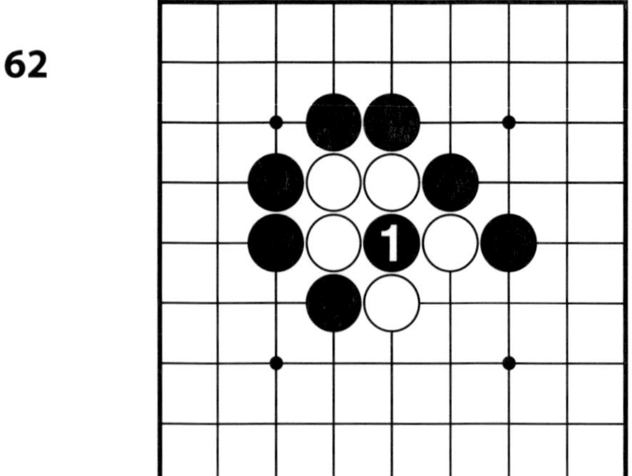

Cift-Atari

Bir sırayla birkaç taşları tehlikeye atmak, aynı zamanında savunamadığı, güzel bir basarıdır. Böyle sıralar cift-Atari deniliyor.

Hangi Atari oynamak istersiniz:
A, B veya C?

63

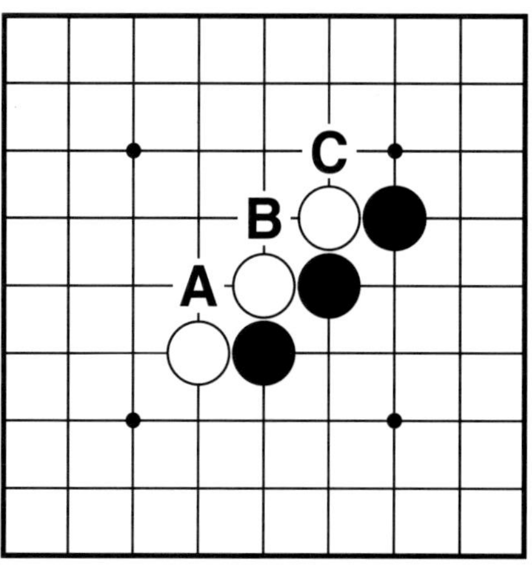

Siyahın sırası …

… ve cift-Atari oynayın!

64

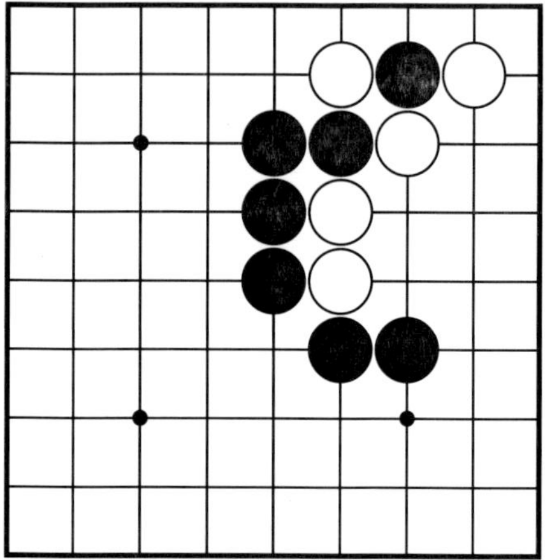

Siyahın sırası.

Nerede oynamanız gereklidir, aynı zamanında rakipinin birkaç taşları tehlikeye atmak için?

65

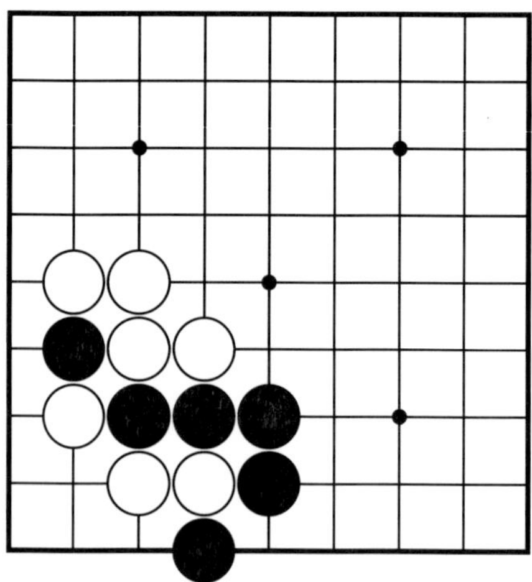

Siyahın sırası ...

... ve cift-Atari oynayın!

66

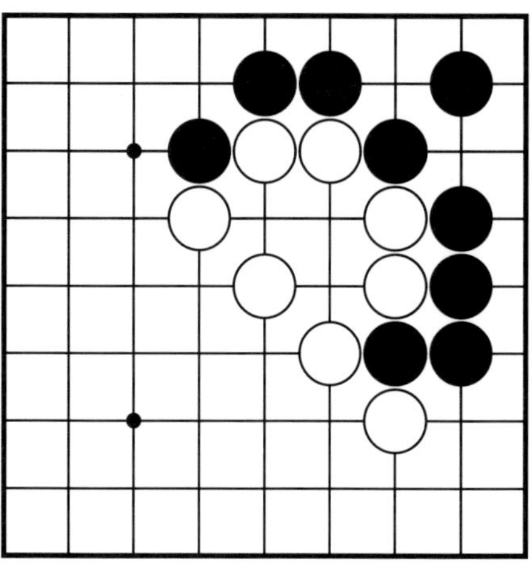

Siyahın sırası.

Nerede oynamanız gereklidir, aynı zamanında rakipinin birkaç taşları tehlikeye atmak için?

67

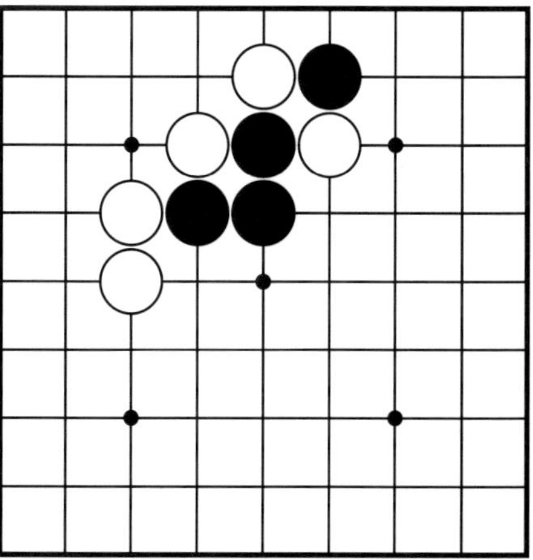

Siyahın sırası.

Aynı zamanında nasıl rakipinin birkaç taşları tehlikeye atabilirsiniz?

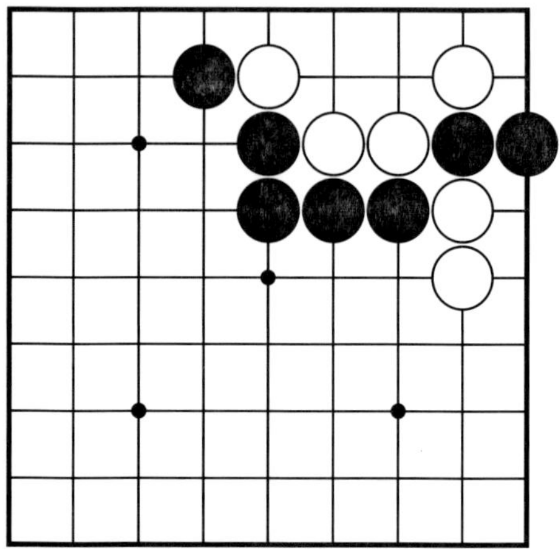

Siyahın sırası ...

... ve cift-Atari oynayın!

69

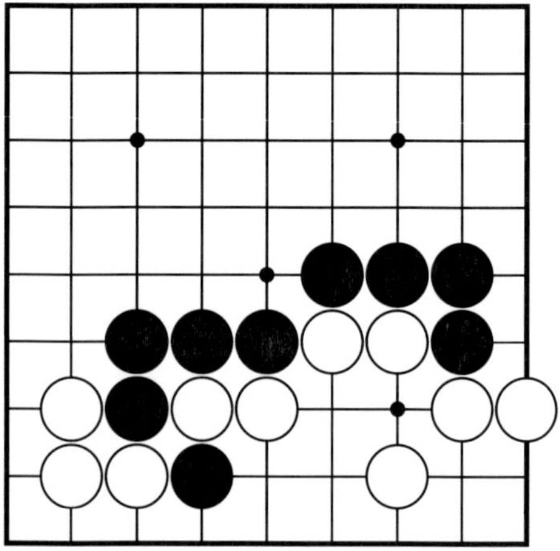

Siyahın sırası ...

... ve cift-Atari oynayın!

70

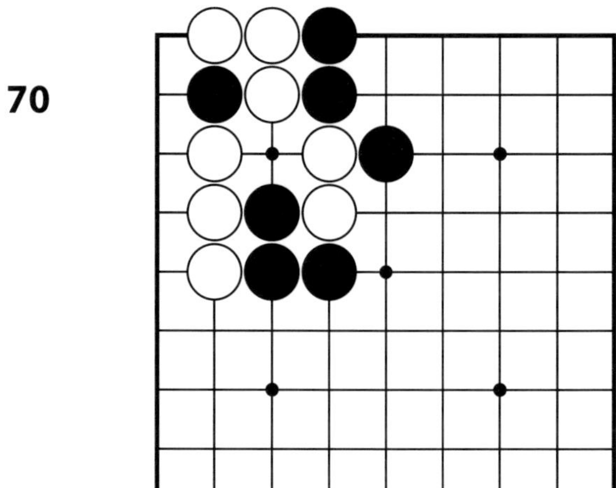

Siyahın sırası.

Nerede oynamanız gereklidir, aynı zamanında rakipinin birkaç taşları tehlikeye atmak için?

71

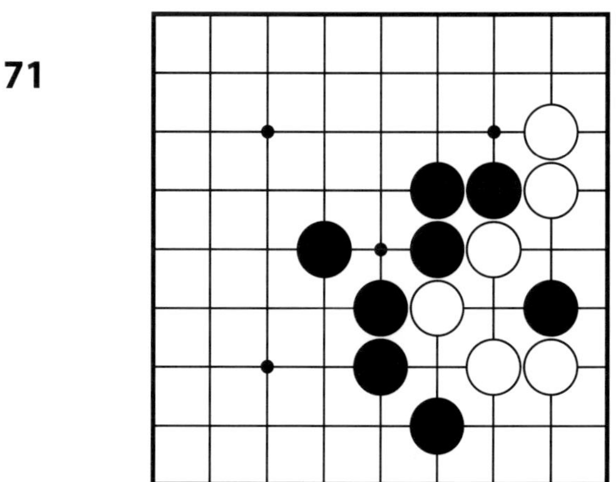

Siyahın sırası ...

... ve cift-Atari oynayın!

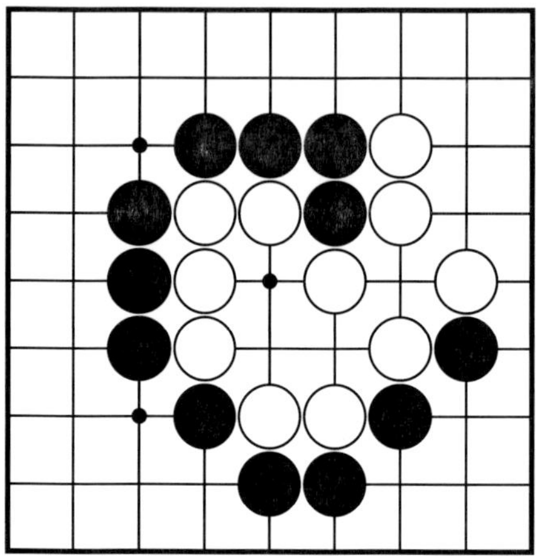

Siyahın sırası.

Aynı zamanında nasıl rakipinin birkaç taşları tehlikeye atabilirsiniz?

73

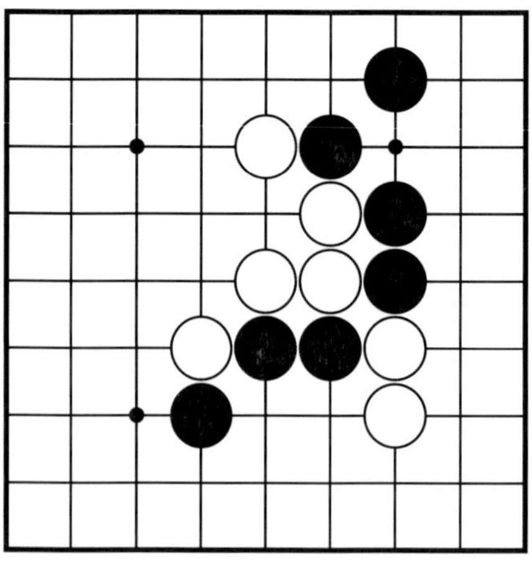

Ayırmak

Eğer kendi taşlarınızı birliştirirmeniz iyi se, o zaman rakipinin taşları ayırmak yanlıs değildir.

Hangi nokta siyah taşları birliştirir ve aynı zamanında beyazları ayırır?

74

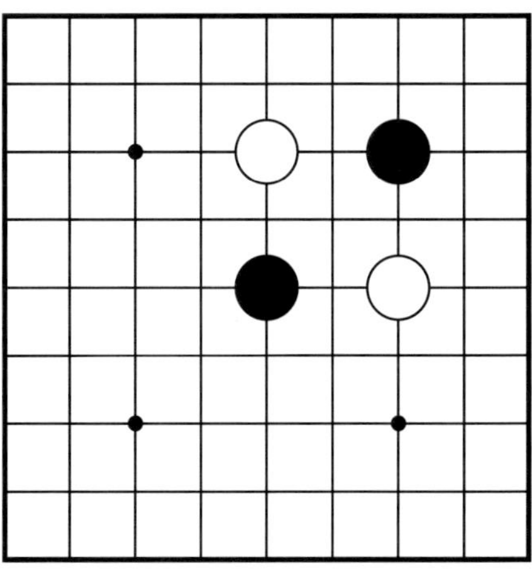

Siyahın sırası ...

... ve beyaz taşları ayırın!

75

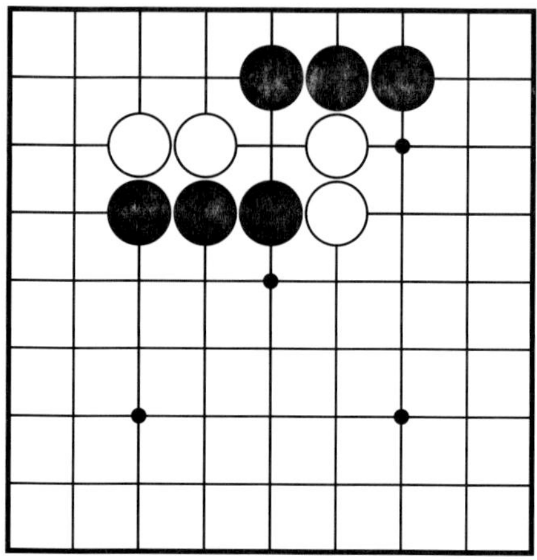

Siyahın sırası.

Nerede oynamanız gereklidir, beyaz taşları ayırmak için?

76

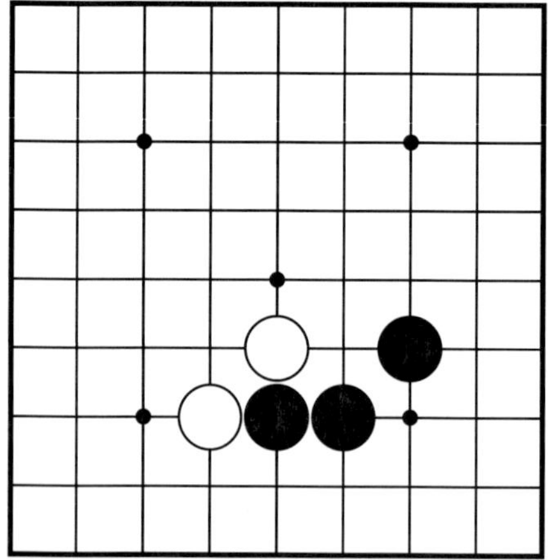

Siyahın sırası ...

... ve beyaz taşları ayırın!

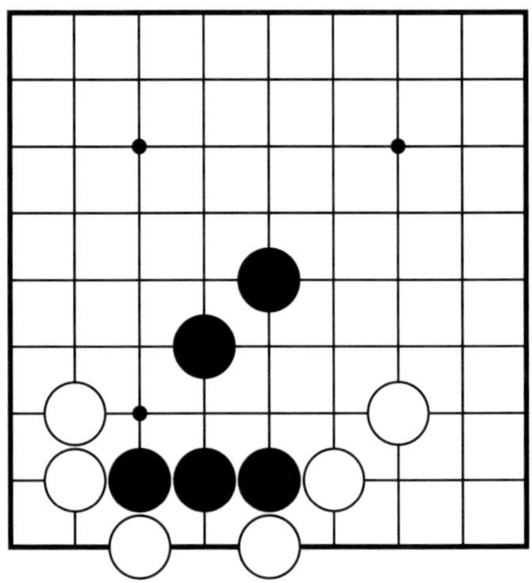

Siyahın sırası.

Nerede oynamanız gereklidir, beyaz taşları ayırmak için?

78

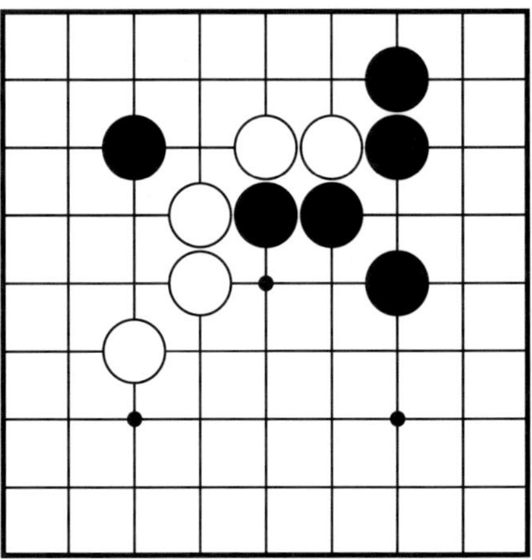

Siyahın sırası.

Nerede oynamanız gereklidir, beyaz taşları koparmak için?

79

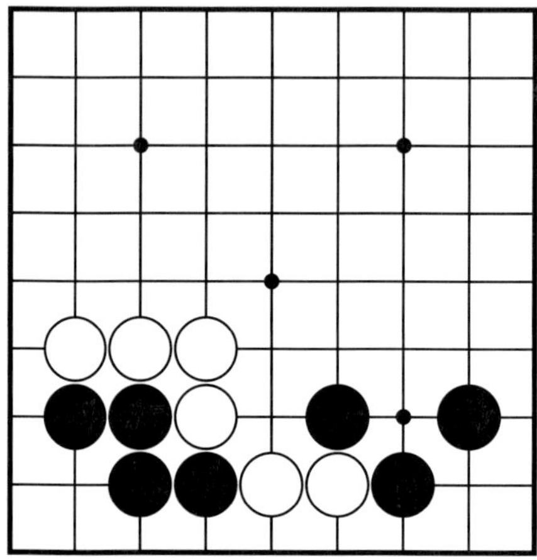

Siyahın sırası ...

... ve beyaz taşları ayırın!

80

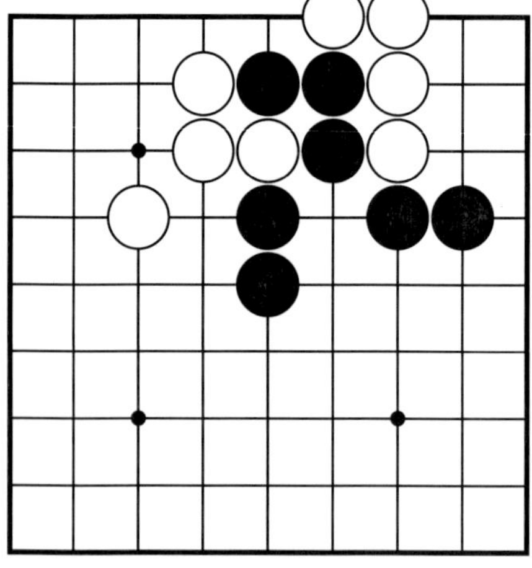

Siyahın sırası ...

... ve beyaz taşları ayırın!

81

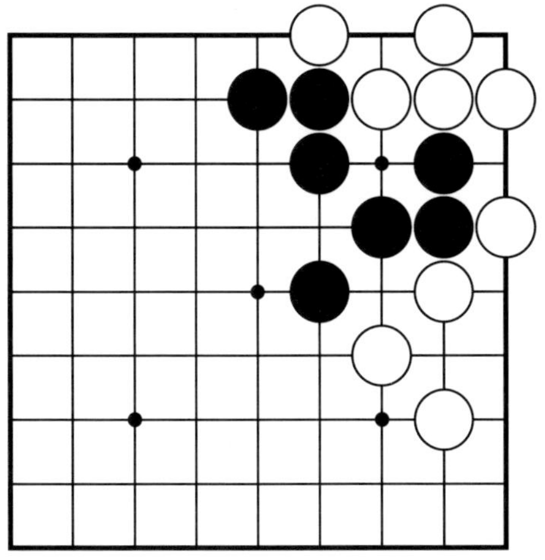

Siyahın sırası.

Nerede oynamanız gereklidir, beyaz taşları koparmak için?

82

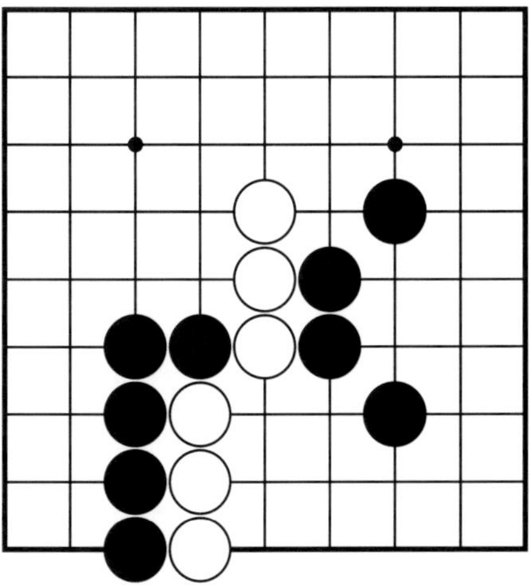

Siyahın sırası.

Bu bir oyunun başlangıçı'dır. Nasıl beyaz taşları ayırabilirsiniz?

83

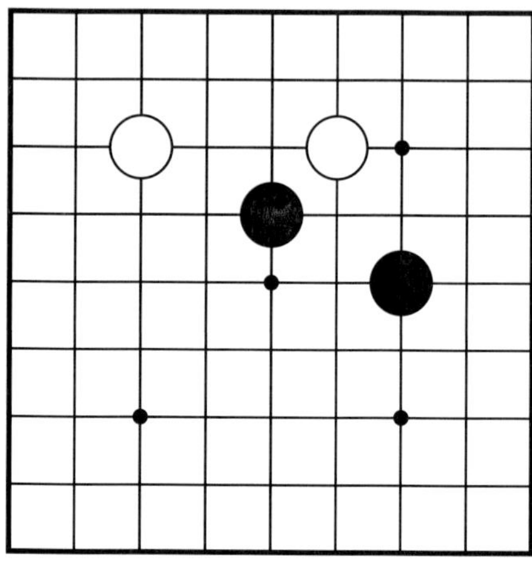

Siyahın sırası.

Nerede oynamanız gereklidir, beyaz taşları ayırmak için?

84

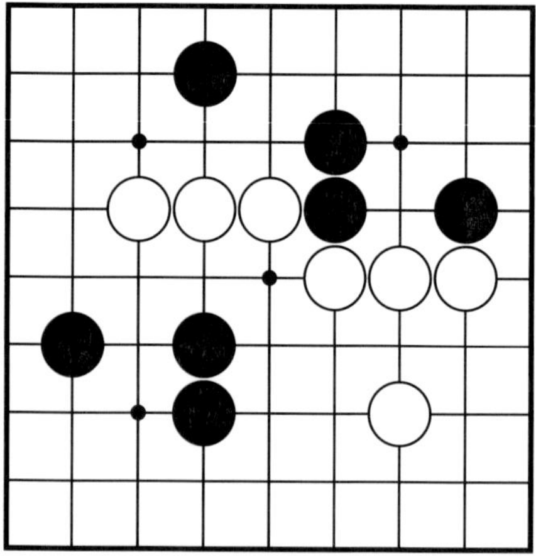

Hayat

Taşlar dahil ettikten sonra kaçamazlar.
Güvenli bir duruş kurmaniz gereklidir:
Siz yaşamak zorundaniz.

Siz siyah duruşu nasıl temin edersiniz?

85

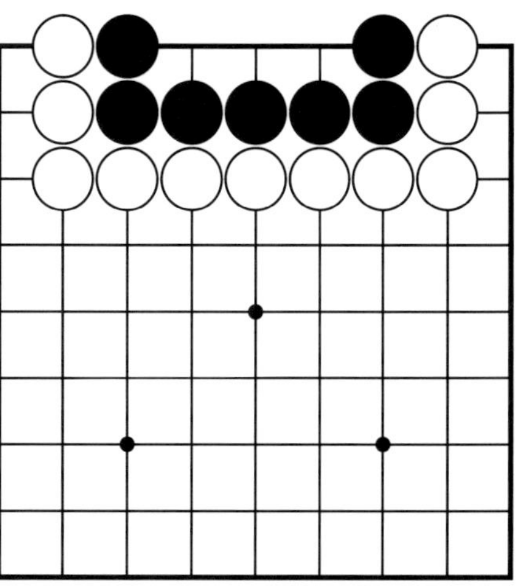

Siyahın sırası ...

... ve taşların hayatları köşelerde temin edin!

86

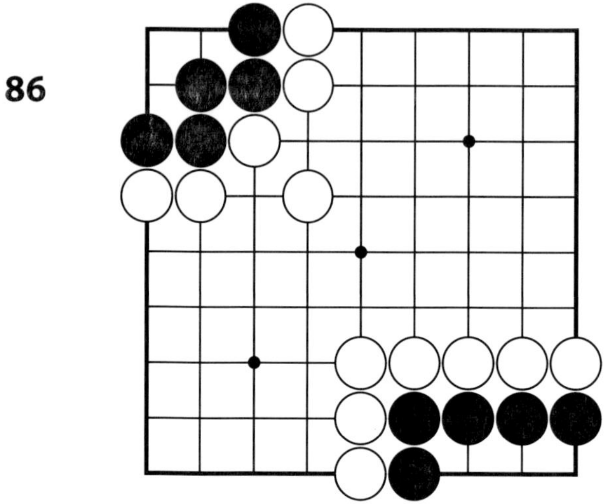

Siyahın sırası.

Hangi sirasiyla duruşlarinizi temin edersiniz?

87

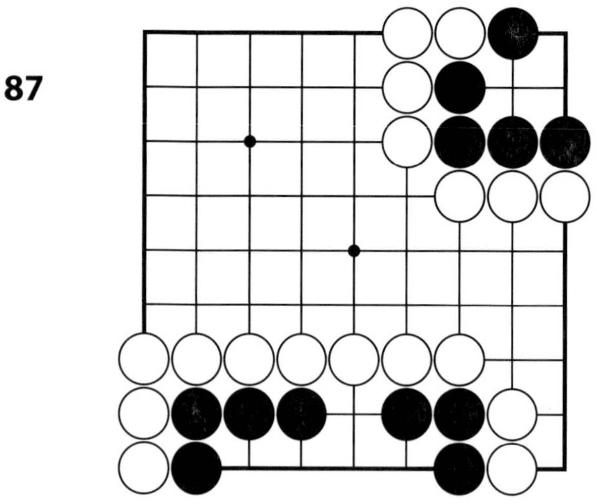

Siyahın sırası.

Taşlarıniz hayatları nasıl temin edersiniz?

88

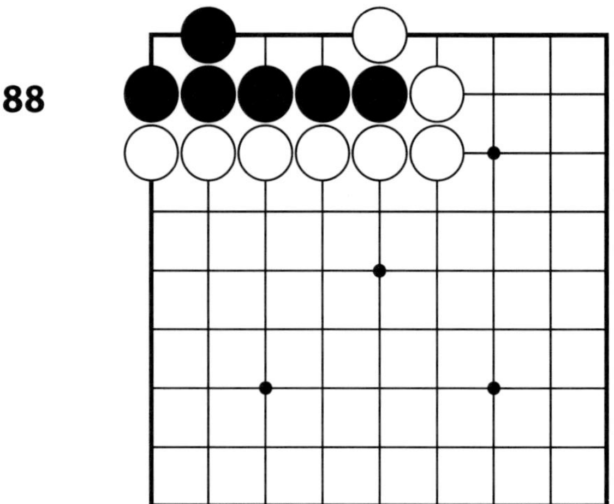

Siyahın sırası ...

... ve taşların hayatları temin edin!

89

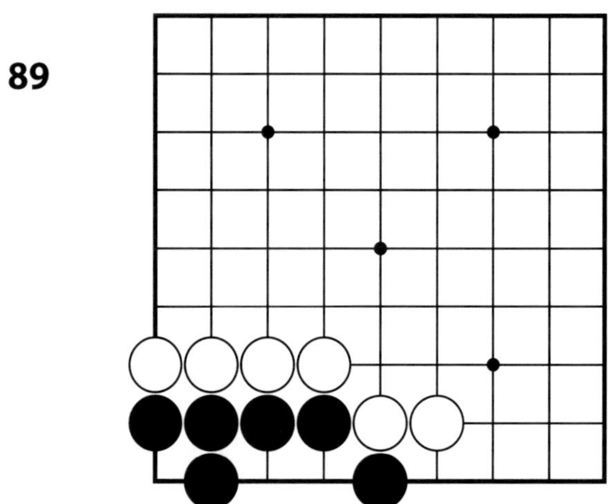

Siyahın sırası.

Hangi sirasiyla duruşunuzu temin edersiniz?

90

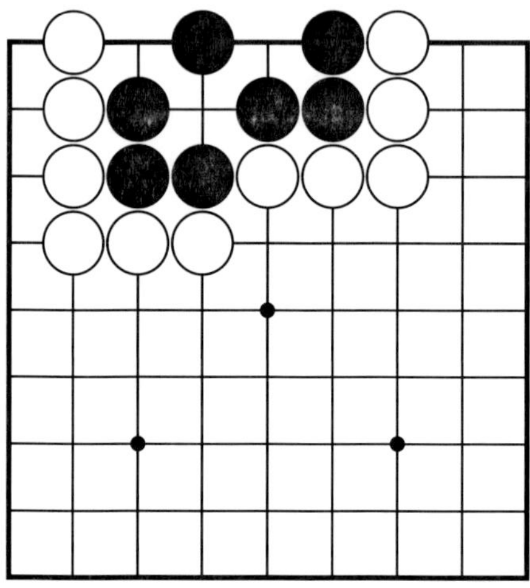

Siyahın sırası.

Hangi sirasiyla duruşunuzu temin edersiniz?

91

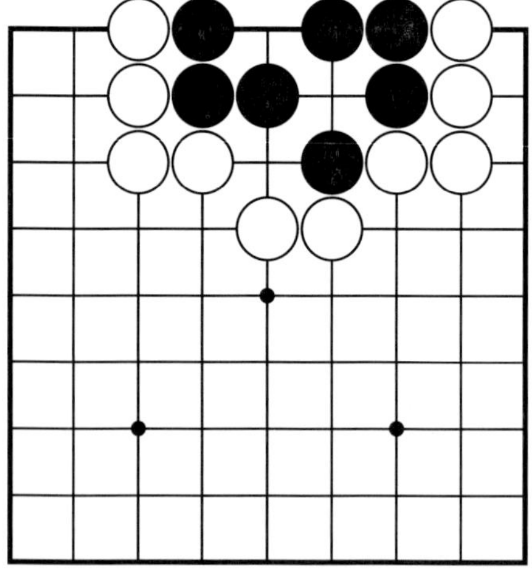

Siyahın sırası ...

... ve taşların hayatları temin edin!

92

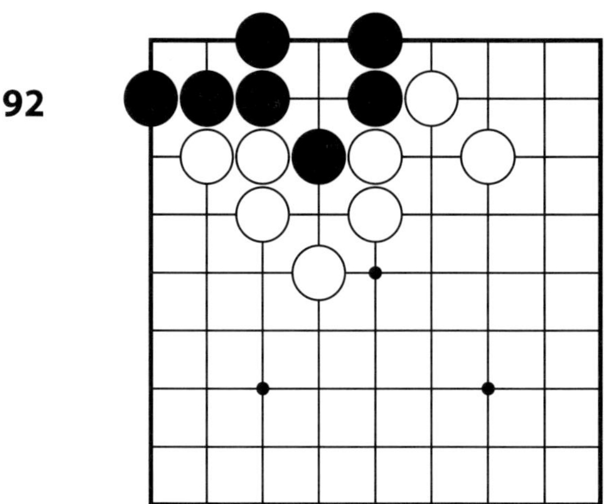

Siyahın sırası ...

... ve taşların hayatları temin edin!

93

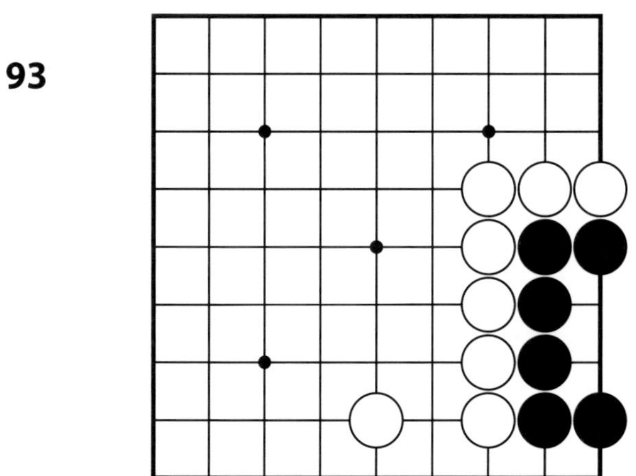

Siyahın sırası ...

... ve taşların hayatları temin edin!

94

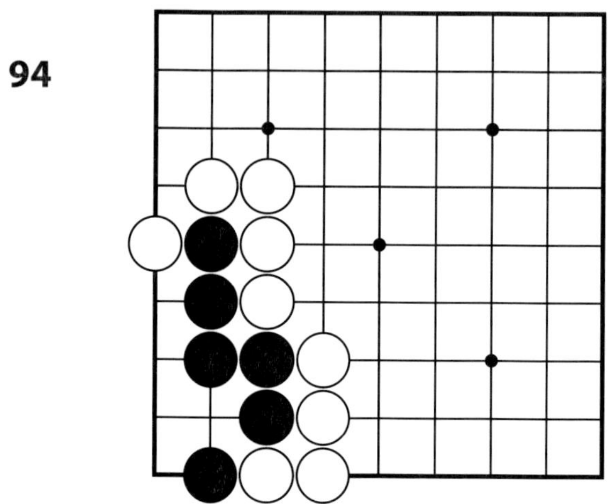

Siyahın sırası.

Hangi sirasiyla duruşunuzu temin edersiniz?

95

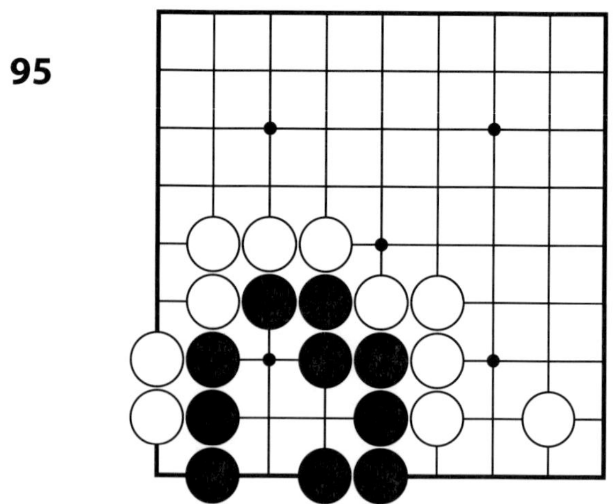

Ölüm

Rakip kapatık taşları zamaninda korumassa, öldüre bilirler. Gelen alıştırmalarda diri noktaları bulundurun!

Hangi sira beyaz duruşu öldürür?

96

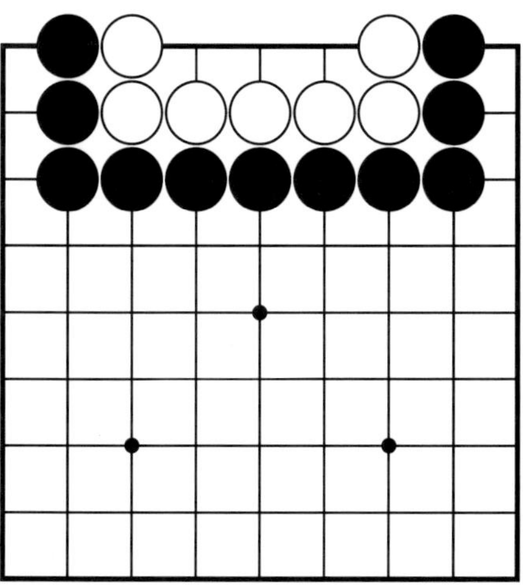

Siyahın sırası.

Beyaz duruşlarının hangi diri noktalarıdir?

97

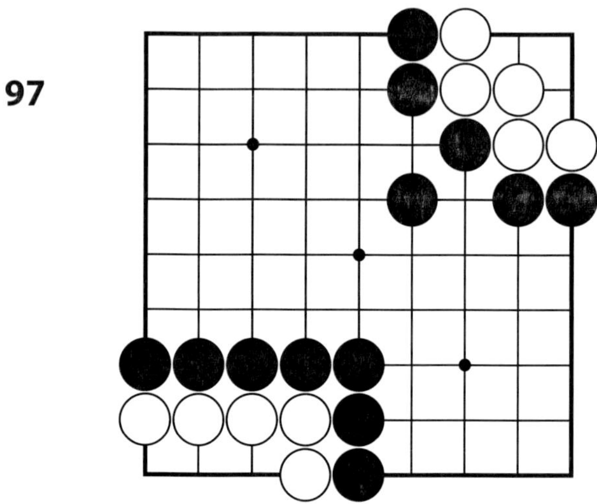

Siyahın sırası.

Beyaz taşları nasıl öldüre bilirsiniz?

98

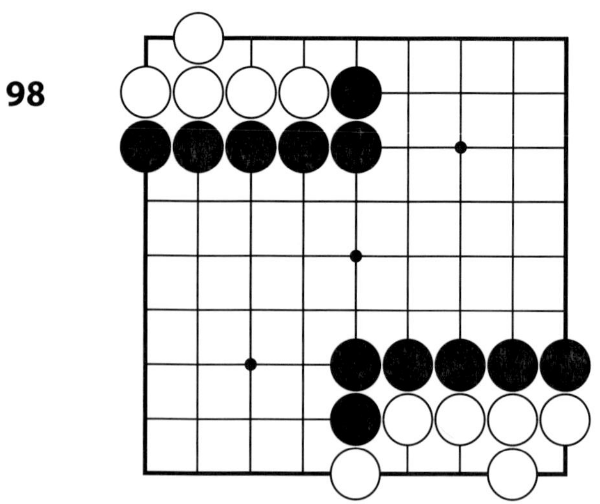

Siyahın sırası ...

... ve beyaz taşları öldürün!

99

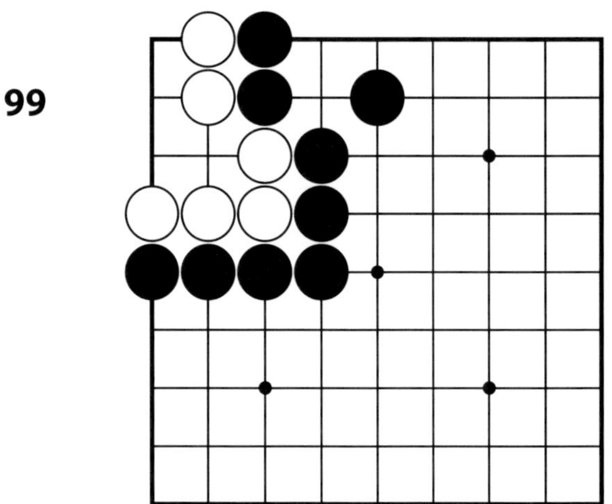

Siyahın sırası ...

... ve beyazin duruşunun güçzüs noktaları işgâl edin!

100

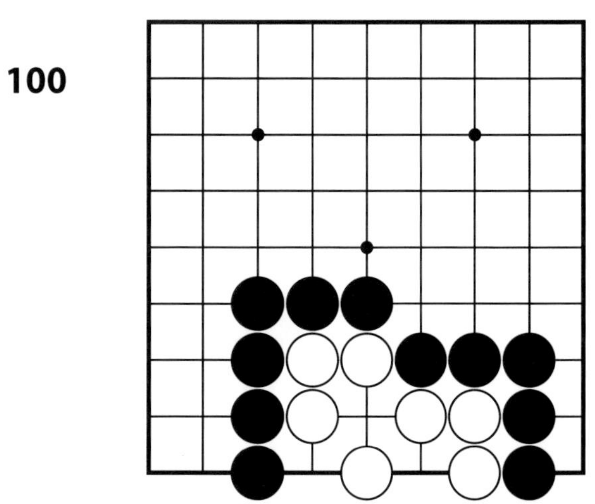

Siyahın sırası ...

... ve beyaz taşları öldürün!

101

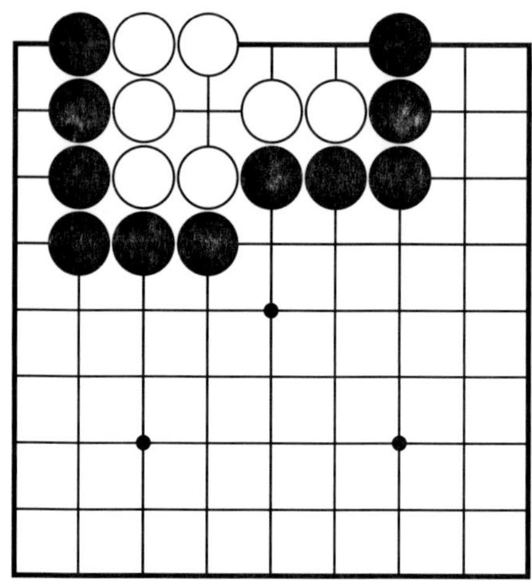

Siyahın sırası ...

... ve beyazin duruşunun güçzüs noktaları işgâl edin!

102

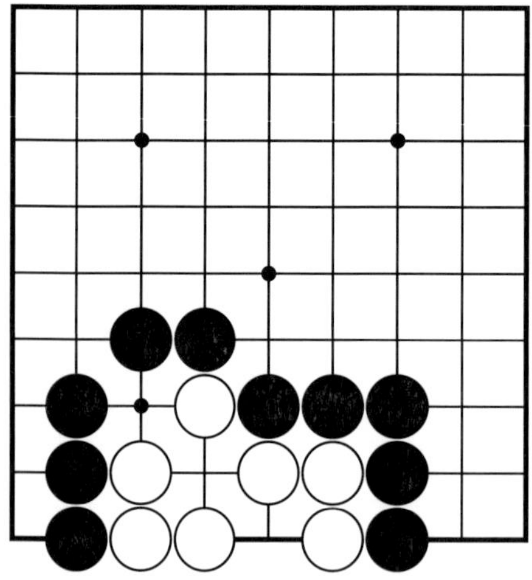

Siyahın sırası.

Tek taşı nasıl kullana bilirsiniz ve beyaz grupu öldürüsünüz?

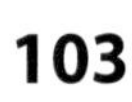

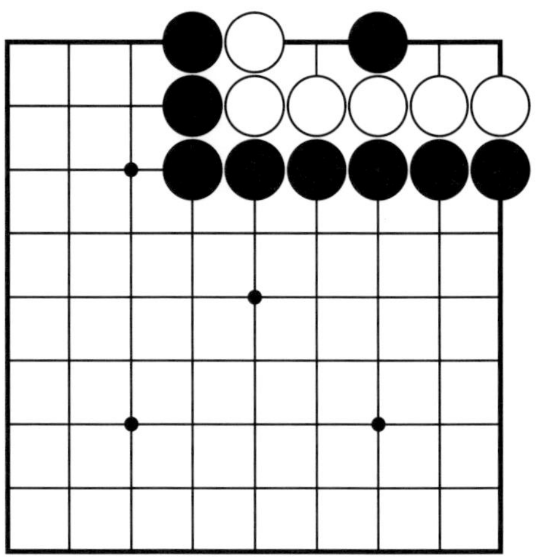

Siyahın sırası ...

... ve beyaz taşları öldürün!

104

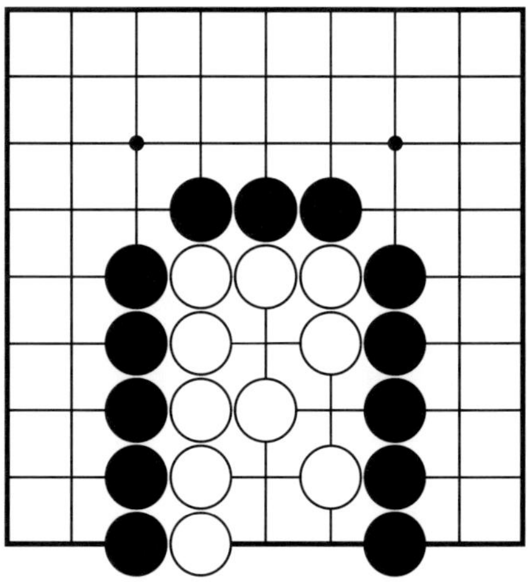

Siyahın sırası.

Tüm beyaz taşları nasıl öldüre bilirsiniz?

105

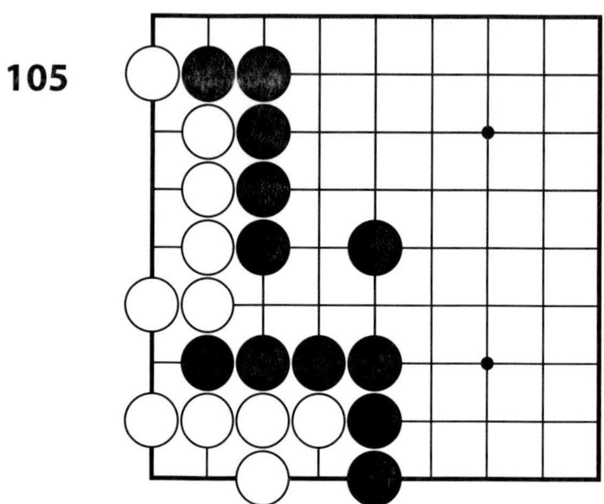

Siyahın sırası.

Beyaz duruşunun diri noktası hangidir?

106

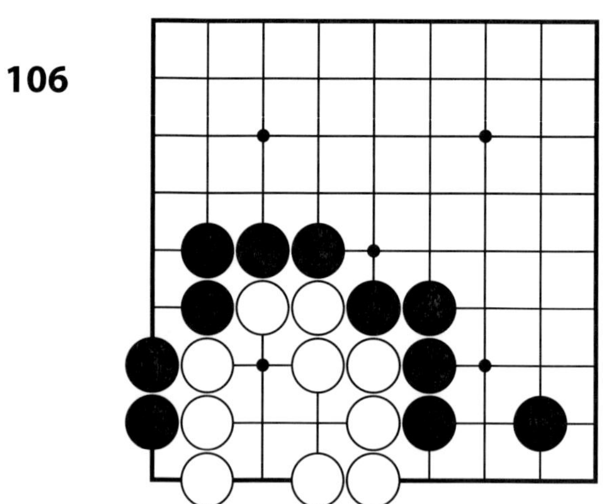

Ko

Ko kuralli demektir: Tek taş, rakipinin tek taşindan yenildiyse, o zaman hemen geri yenilemez.

Beyaz işaretli taşla A'nin taşı yendi. Siyah hemen geri yenemez.

107

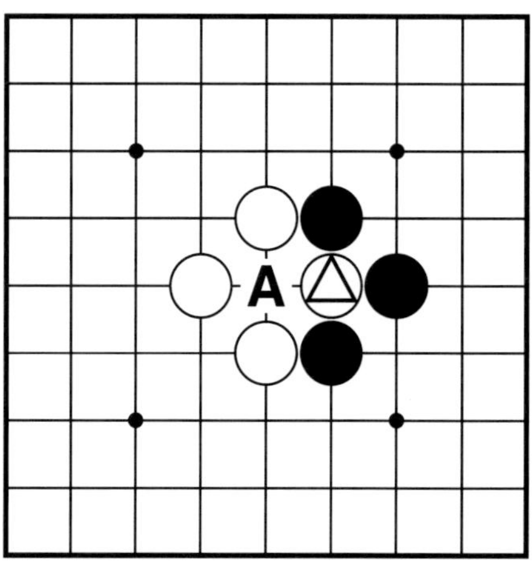

Siyahın sırası.

Siyah 1 ve beyaz 2 Ko'u hazırlıyorlar. Simdi taşa yenebilirmisiniz?

108

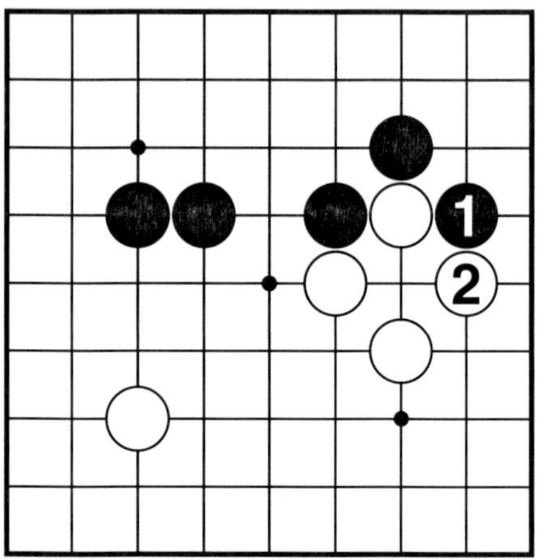

Siyahın sırası.

Siyah 1 ve beyaz 2 Ko'u hazırlıyorlar. Simdi nerede taşı yenebilirsiniz?

109

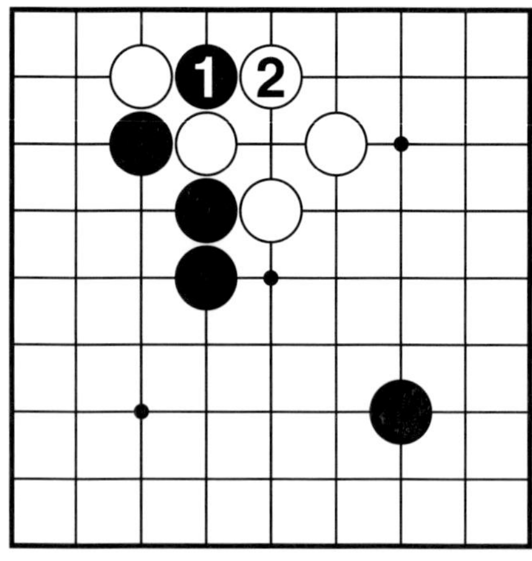

Siyahın sırası.
Beyaz 1 Atari'nin iki siyah taşları yerleştiriyor.
Nasıl savunabilirsiniz?

110

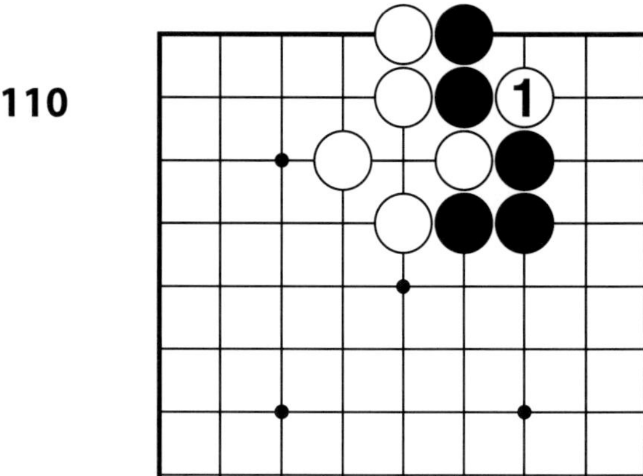

Siyahın sırası.
Beyaz 1 Atari'nin işaretli taşlara yerleştiriyor.
Onları kurtamak için, nasıl oynamanız gereklidir?

111

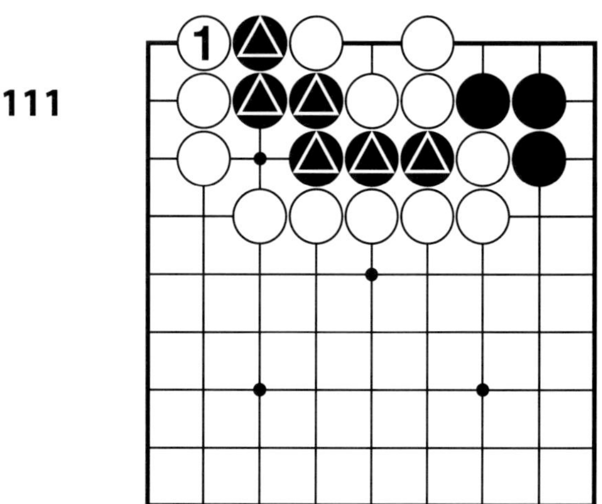

Siyahın sırası.

Beyaz 1'le siyah taşı yeniyor. Cevapınız nedir?

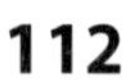

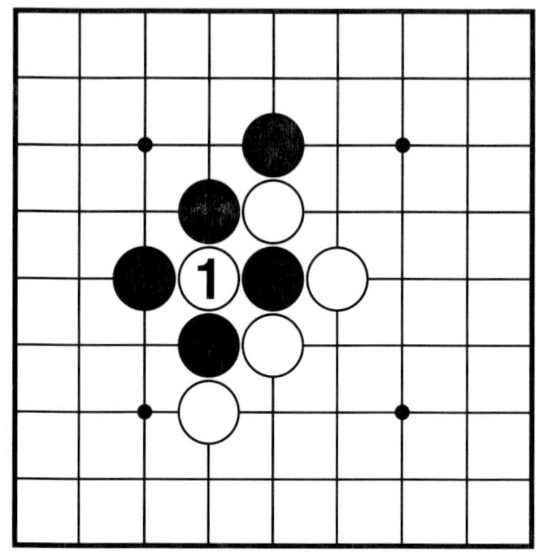

Siyahın sırası.

Bu duruşda nasıl oynamanız gereklidir?

113

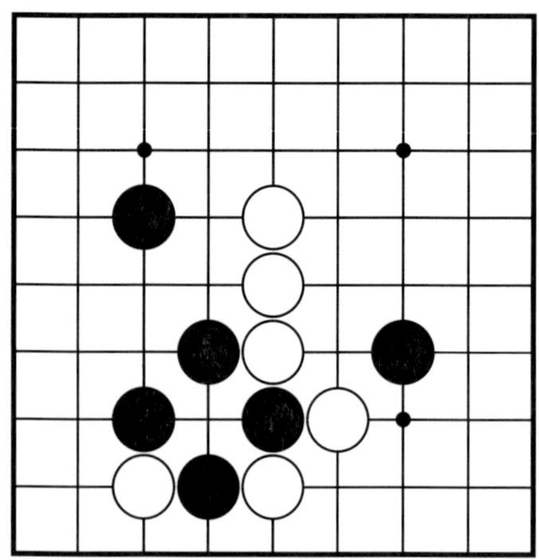

Siyahın sırası.

Beyaz işaretli taşı oynadi. Cevapınız nedir?

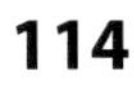

114

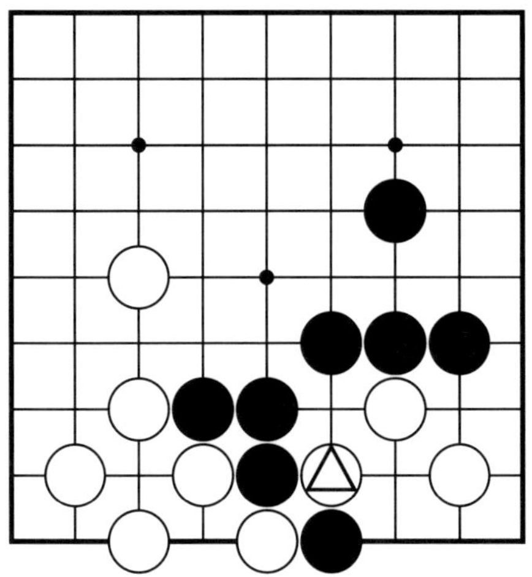

Siyahın sırası.

Beyaz işaretli taşı oynadi ve üc siyah taşı yenilmeye korkutuyor. Cevapınız nedir?

115

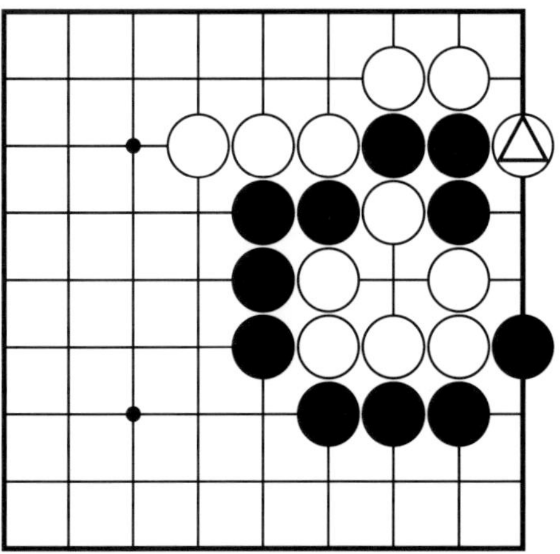

Siyahın sırası.

Beyaz 1'le iki siyah taşları yeniyor.
Siz 1 taşı yenebilirmisiniz?

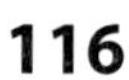

116

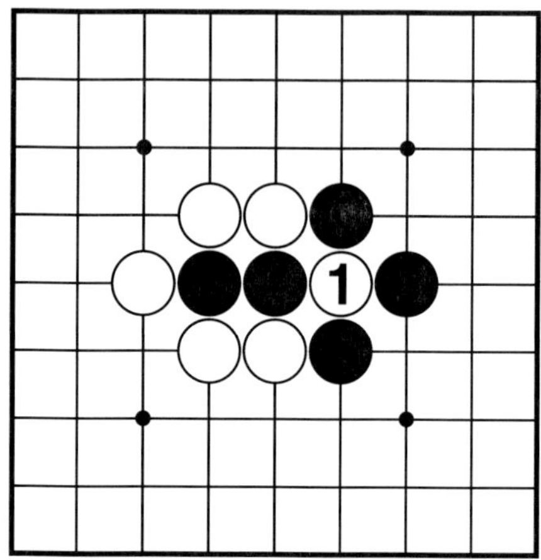

Siyahın sırası ...

... ve Ko başliyor!

117

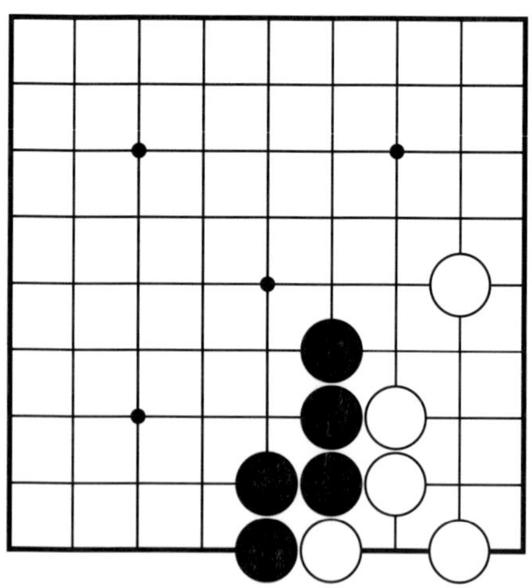

Gözler

Iki göz hayatta kalmak için gereklidir. Tek gerçek gözler hayattını emniyete alır. Bu yüzden önemli ki, zamaninda sahte gözleri anlamak.

Beyaz 1 Atari'ye taş yerleştiriyor ve siyah'i koruyor. Bu nokta gerçek göz değildir.

118

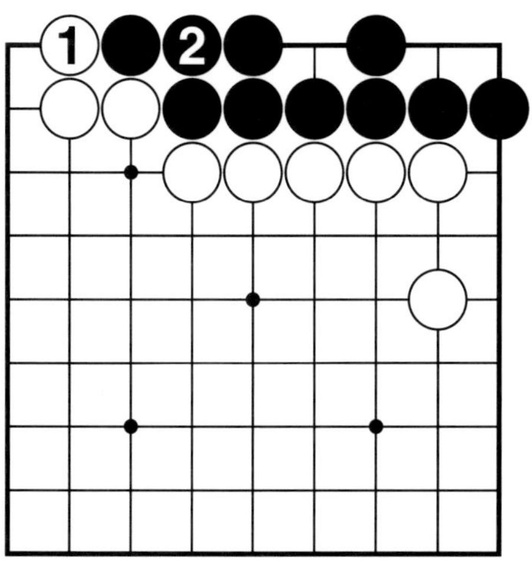

Siyah.

Nokta A gerçek göz mü?

119

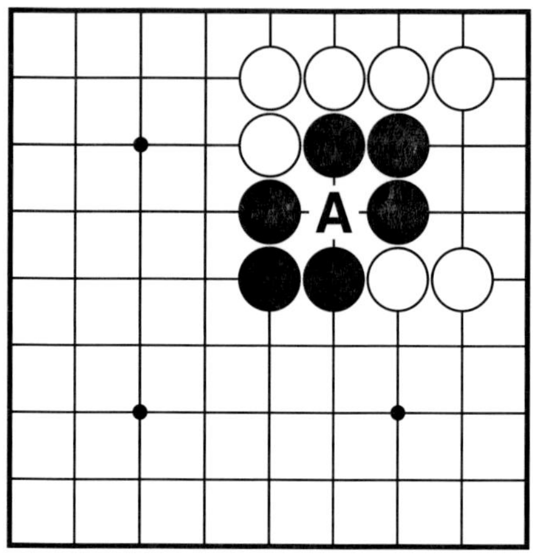

Siyah.

Nokta A gerçek göz mü? Sizin duruşunuz köşede yasaya bilirmi?

120

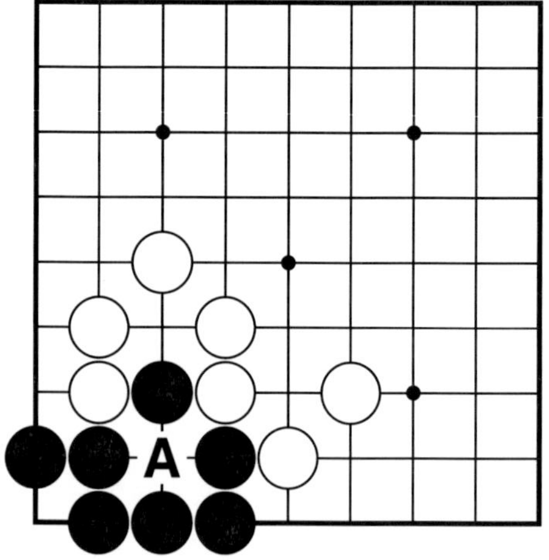

Siyahın sırası.

Siz sahte bir göz beyaz duruşda nasıl yarata bilirsiniz?

121

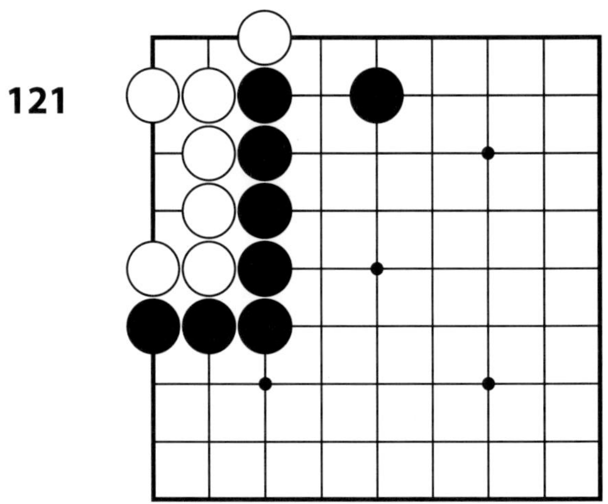

Siyahın sırası ...

... ve ikinci, gerçek göz yapın!

122

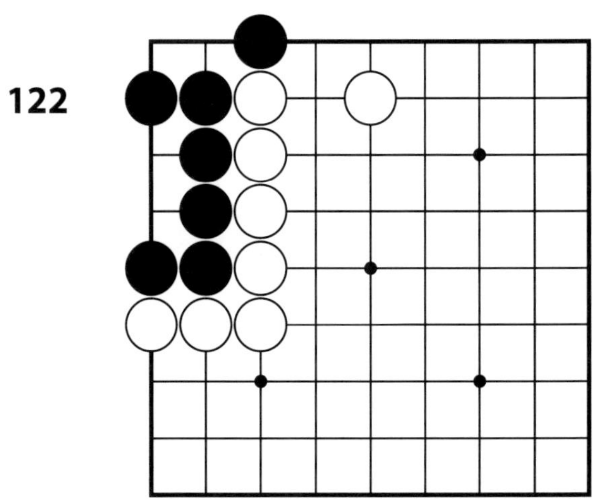

Siyah.

Siyah duruşunda nerede gerçek ve sahte gözler var?

123

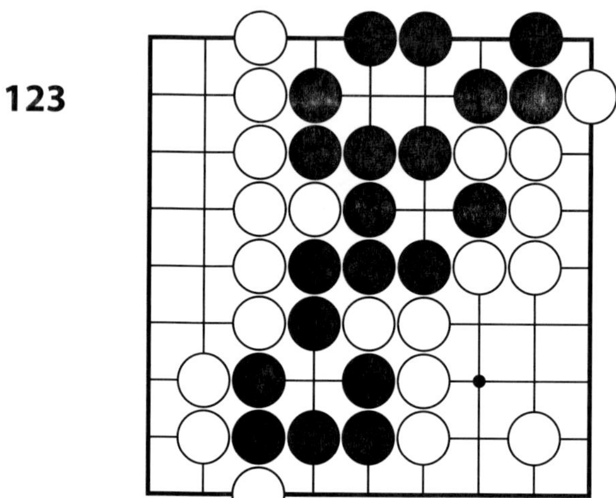

Siyah.

Hangi noktalar gerçek gözler ve hangileri sahte?

124

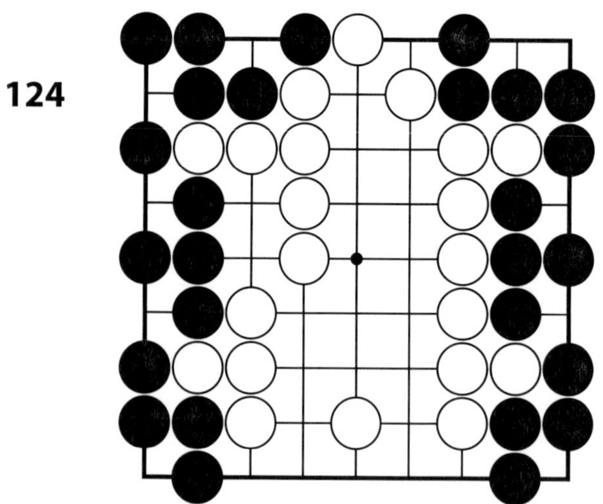

Oyun bitişi

Oyun sonunda tüm puanlar sayilmasi gereklidir. Her serbest, bir rengin dahil kesişme noktasının bir puan olarak sayılır. Eğer başka bildirmemiş, o zaman yenilmiş taşlar ve Komi yoktur*.

Sizin kaç puaniz var? Kim kazandı?

125

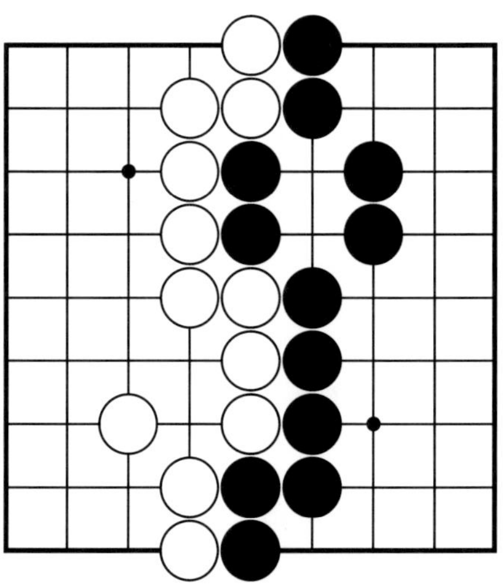

* Beyaz siyaha'a karşı başlangıç faydası olsun diye, bu Komi noktaları dengele biliyor.

Siyah.

Puanlarinizi sayın! Kim kazandı?

126

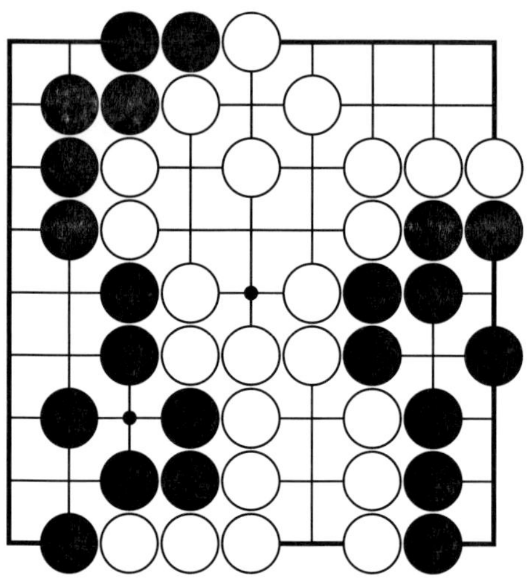

Siyah.

Puanlarinizi sayın! Kim kazandı?

127

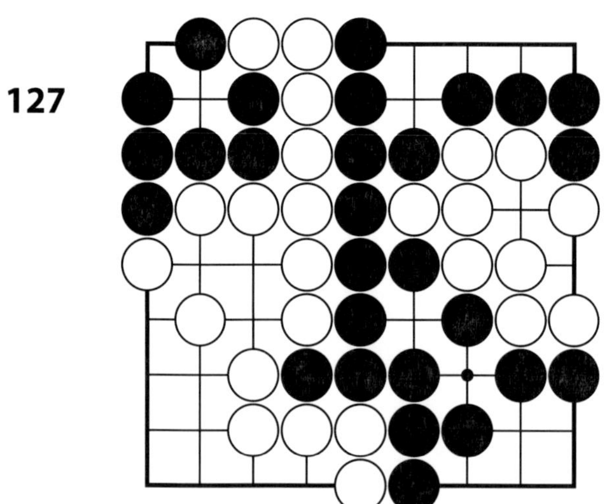

Siyahın sırası.

Burda etkisiz noktalar var. Degişmeli işgâl edin! Sonuç'u sayın!

128

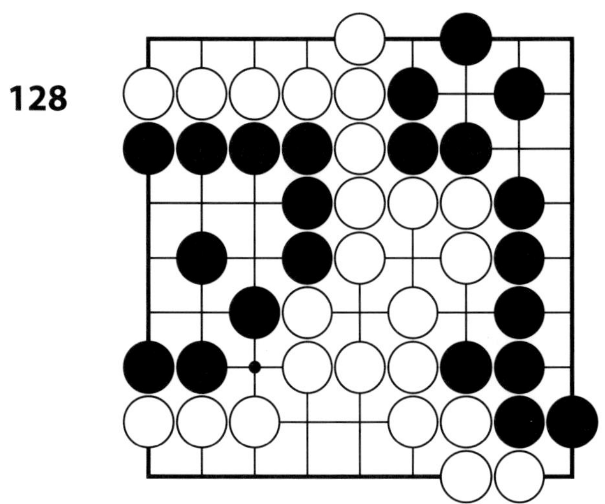

Siyahın sırası.

Hangi noktalar etkisiz? Daha nerede nokta yapabilirsiniz? Sonuç'u nedir?

129

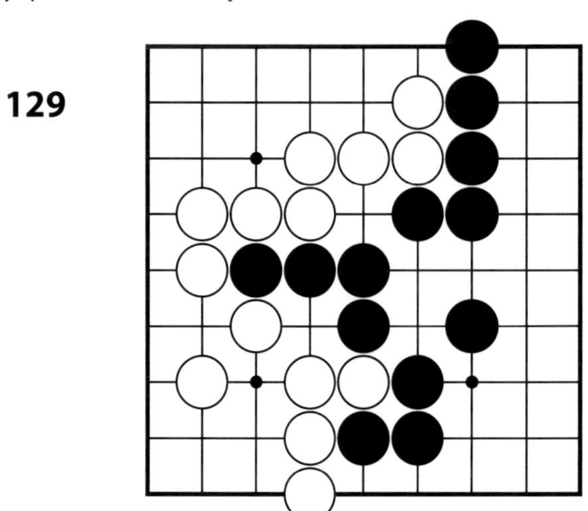

Siyahın sırası.

Nokta A etkisiz mi? Hangi noktalar etkisiz dir?
Kim kazandı?

130

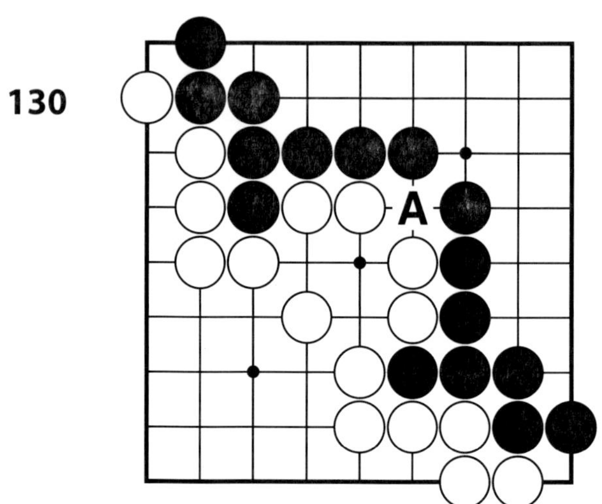

Siyahın sırası.

Oyunun sonu arastirin! Tahta'nin üzerinde ölü taşlara dikkat edin!

131

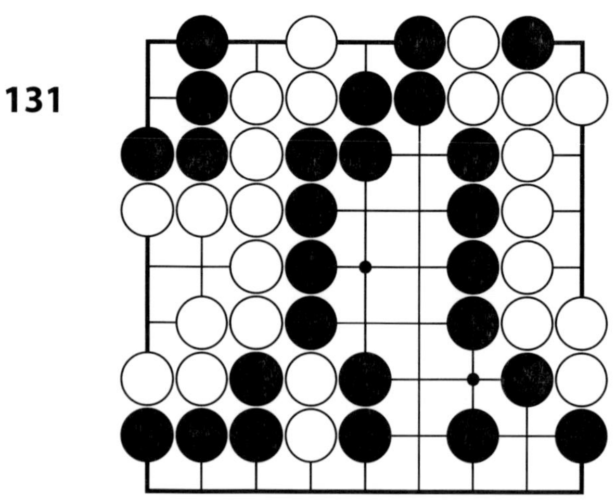

Çözümler

Siyah taşların dört özgürlüğü var.

1

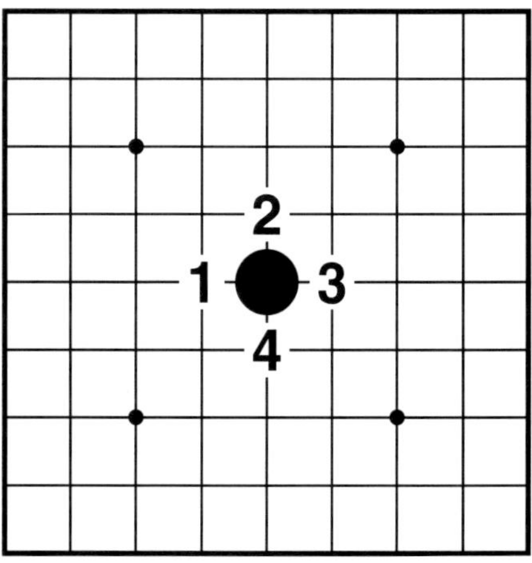

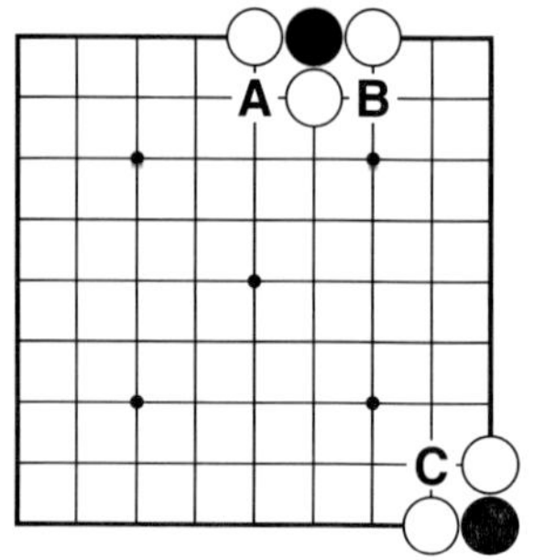

[2] Yukardaki taşın üc ve aşağı'dakin taşin iki özgürlükleri var. Noktalar A'dan C'ye kadar özgürlük değiller.

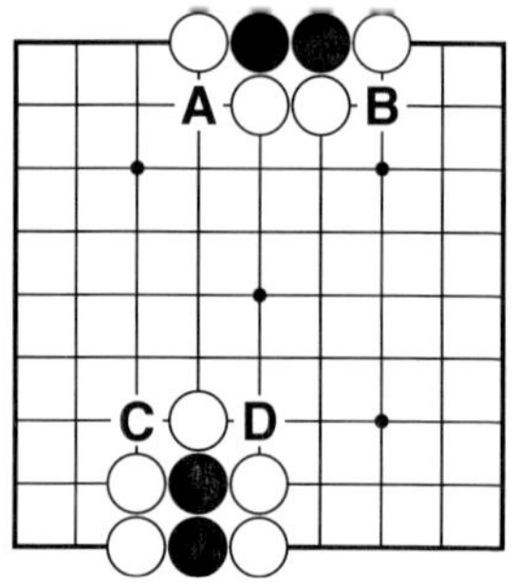

[3] Yukardaki taşlarin dört ve aşağı'daki iki taşların bes özgürlükleri var. Noktalar A'dan D'ye kadar özgürlük değiller.

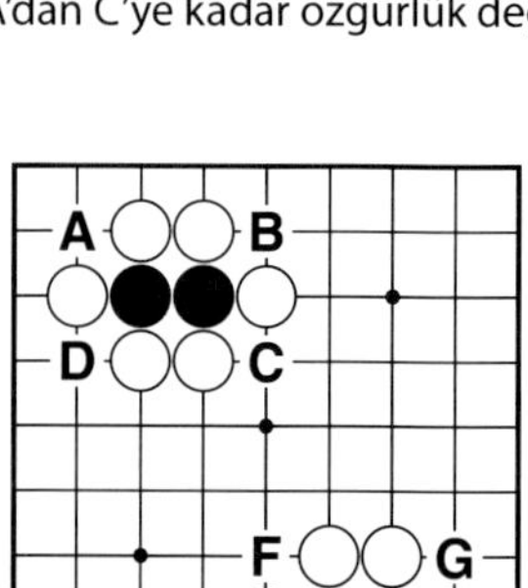

[4] Iki taş zincirlerin her defasinda alti özgürlükleri vardir. Noktalar A'dan G'ye kadar özgürlük değiller.

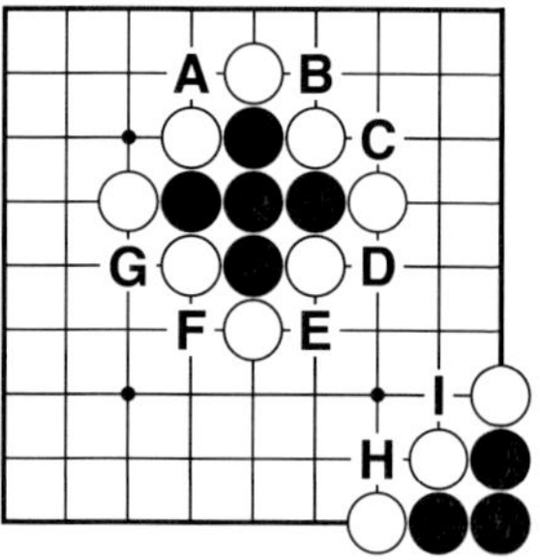

[5] Yukardaki taşlarin sekis ve aşağı'daki kösedeki taşların üc özgürlükleri var. Noktalar A'dan I'ye kadar özgürlük değiller.

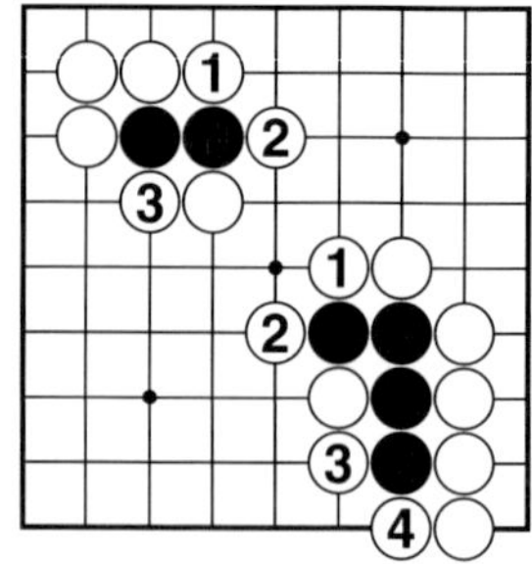

[6] Yukardaki taşlarin üc ve aşağı'daki taşlarin dört özgürlükleri var.

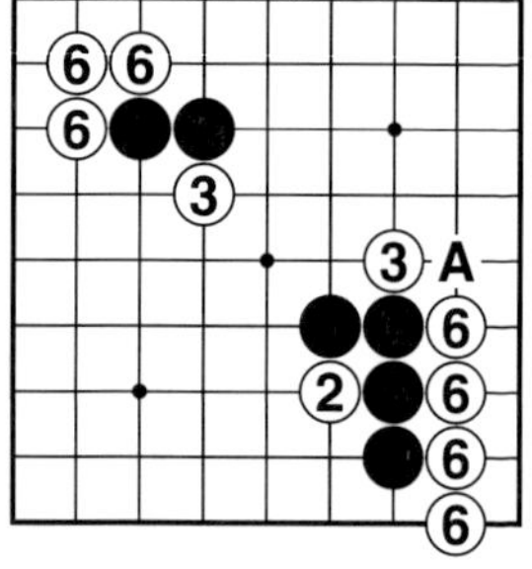

[7] Beyaz taş zincirlerin 2,3 yani 6 özgürlükleri var. Özgürlük A iki zincirlerden bölünmüşdür. Lütfen sayın!

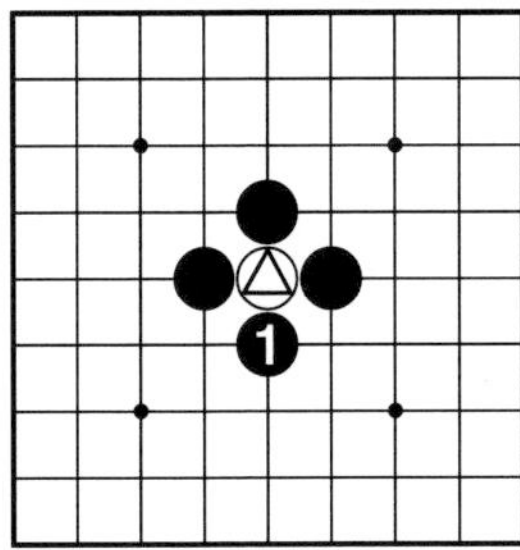

[8] Siyah 1 son işaretli taşın özgürlüğü işgâl ediyor ve yeniyor.

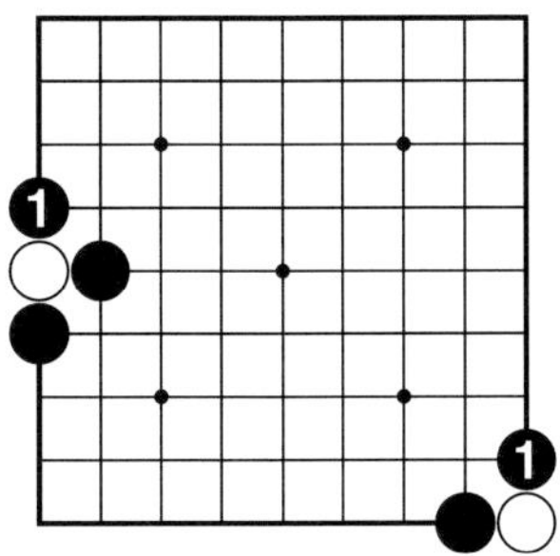

[9] Siyah 1 beyaz taşlarının son özgürlüğü işgâl ediyor.

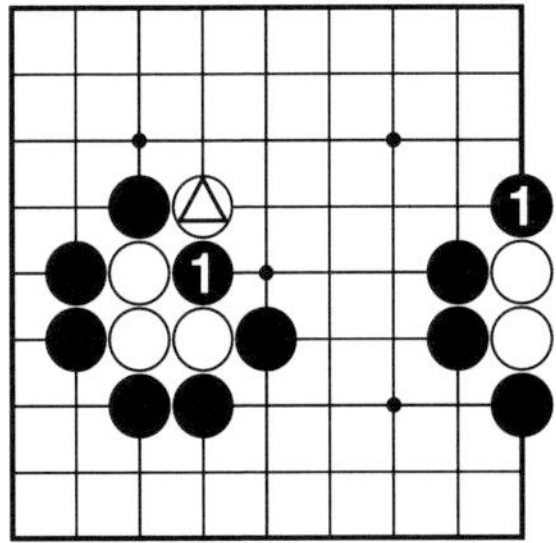

[10] Siyah 1 beyaz taşların son özgürlüğü işgâl ediyor. Işaretli taşın daha iki özgürlükleri var.

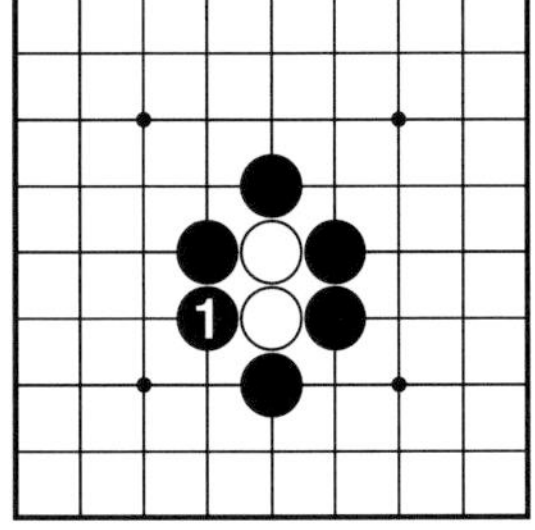

[11] Siyah 1 beyaz taşlarinin son özgürlüğü işgâl ediyor.

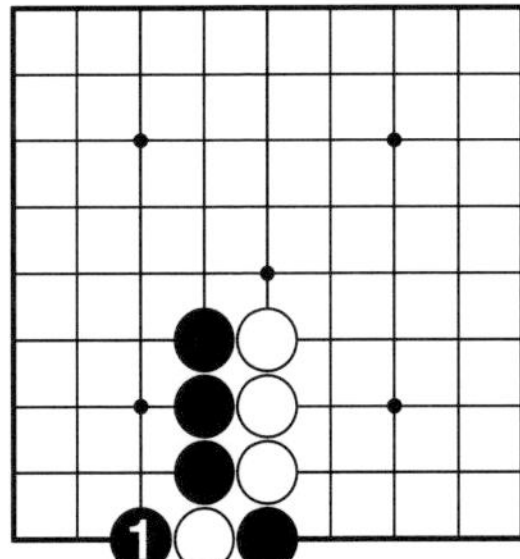

[12] Siyah 1 beyaz taşın son özgürlüğü işgâl ediyor ve yeniyor.

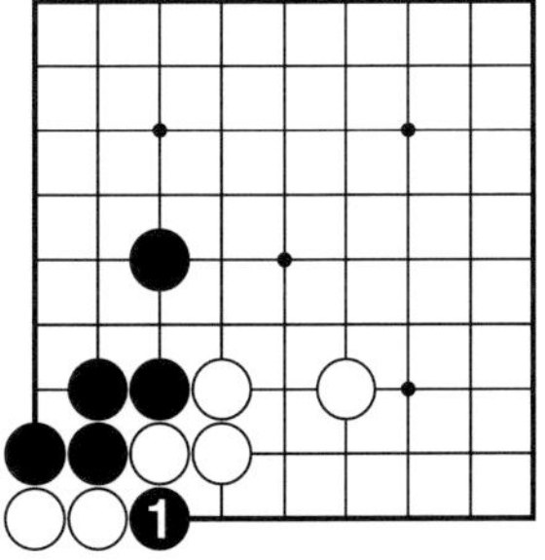

[13] Siyah 1 beyaz taşlarinin son özgürlüğü işgâl ediyor ve yeniyor.

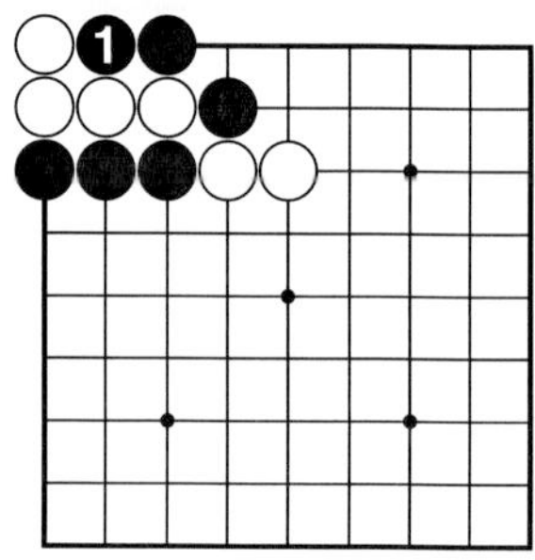

[14] Siyah 1 beyaz taşlarinin son özgürlüğü işgâl ediyor.

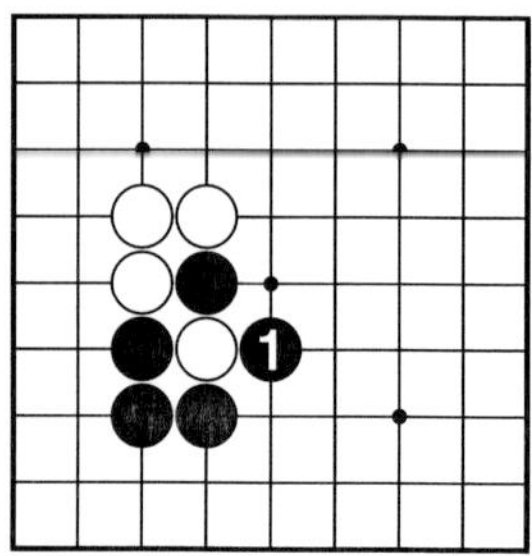

[15] Siyah 1 beyaz taşın son özgürlüğü işgâl ediyor.

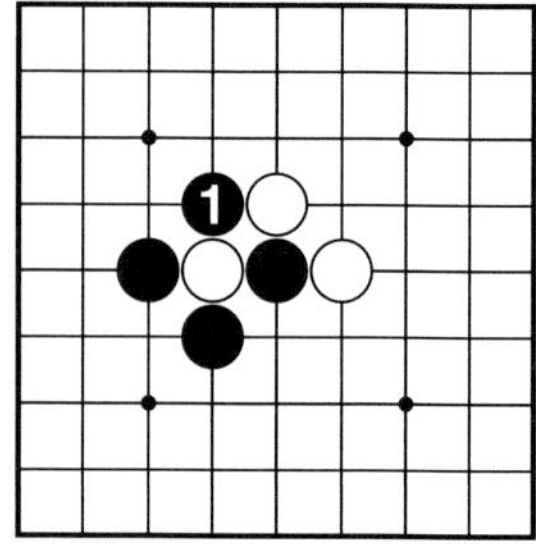

[16] Siyah 1 beyaz taşın son özgürlüğü işgâl ediyor.

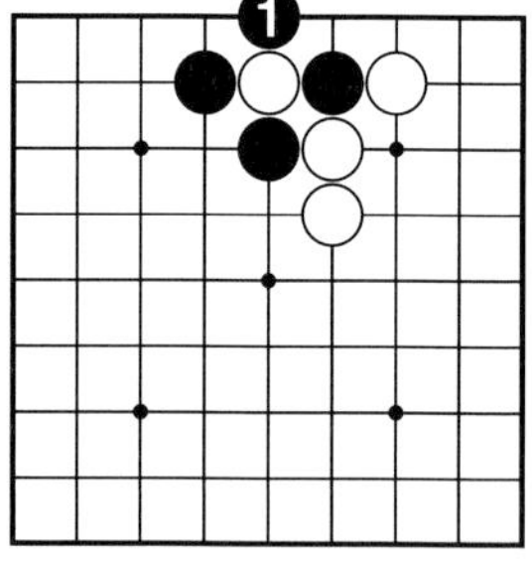

[17] Siyah 1 beyaz taşın son özgürlüğü işgâl ediyor ve yeniyor.

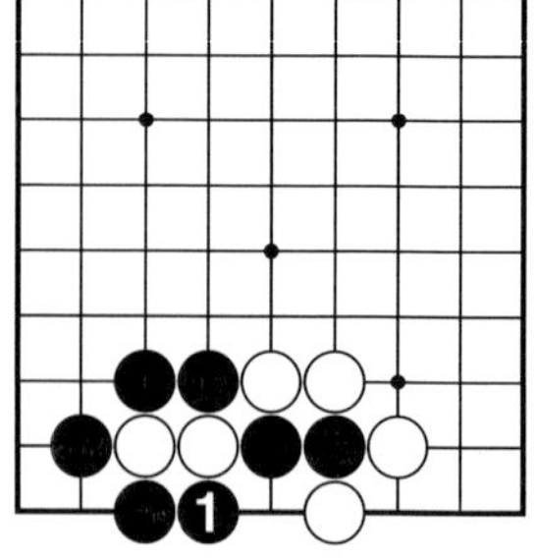

[18] Siyah 1 beyaz taşlarının son özgürlüğü işgâl ediyor ve yeniyor.

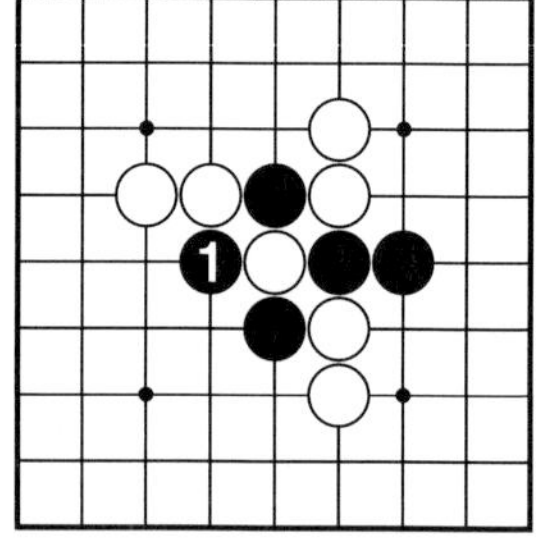

[19] Siyah 1 beyaz taşı yeniyor.

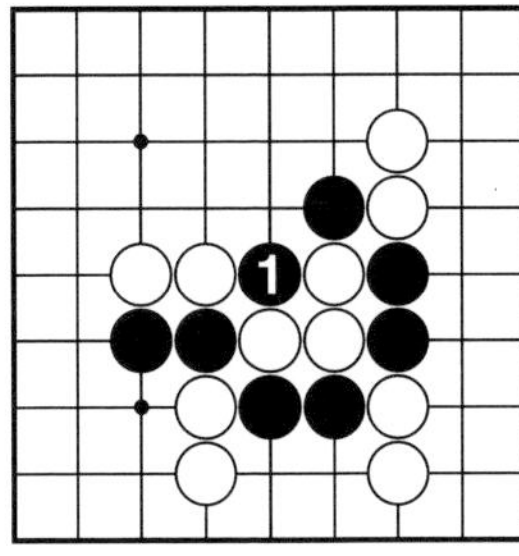

[20] Siyah 1 üc beyaz taşları yeniyor.

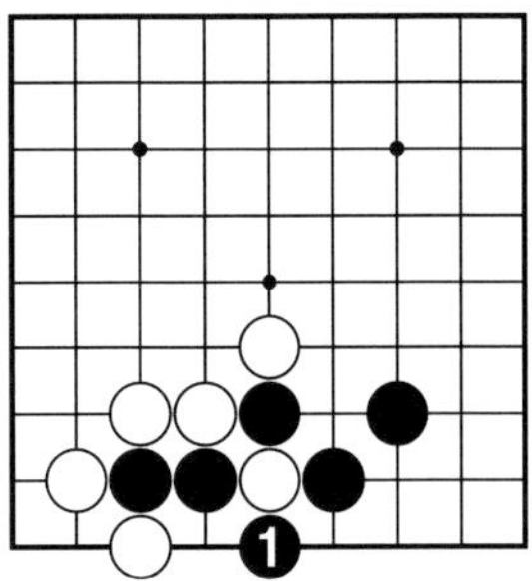

[21] Siyah 1 beyaz taşı yeniyor.

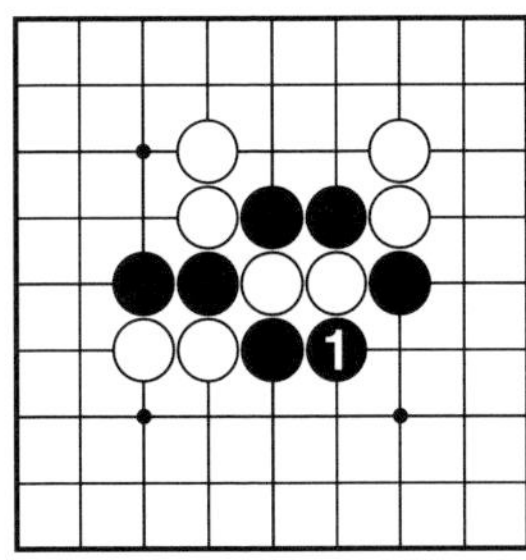

[22] Siyah 1 iki beyaz taşları yeniyor.

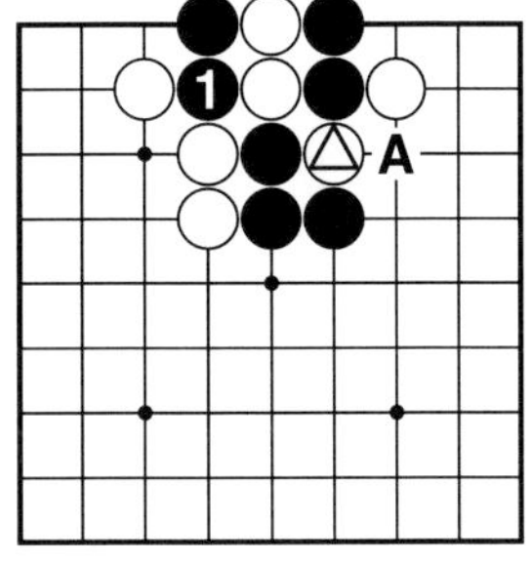

[23] Siyah 1 iki taşları yeniyor. A'nin üstüne siyah tek bir taş'la yenebilir.

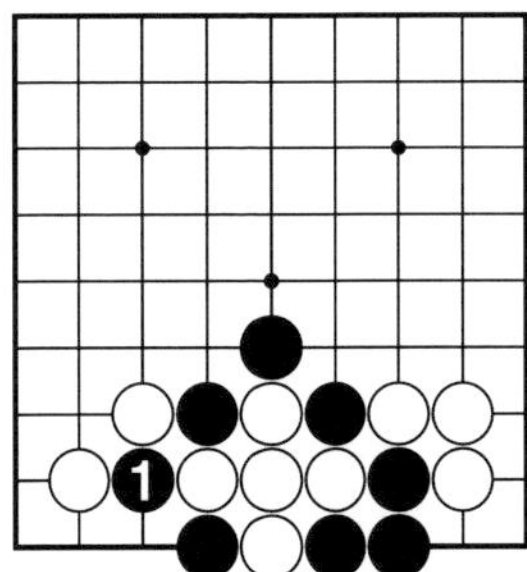

[24] Siyah 1 bes beyaz taşları yeniyor.

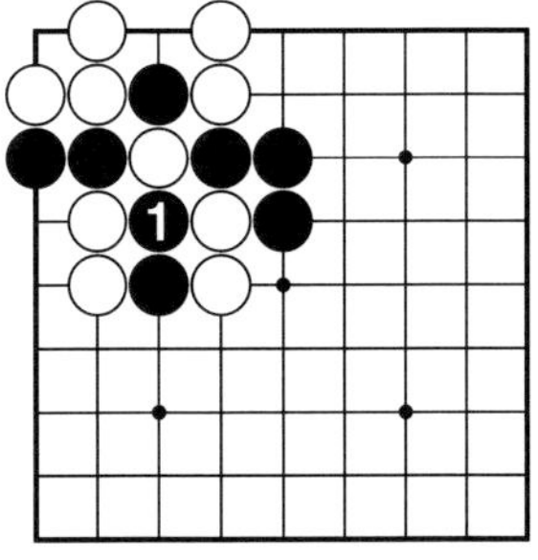

[25] Siyah 1 beyaz taşı yeniyor.

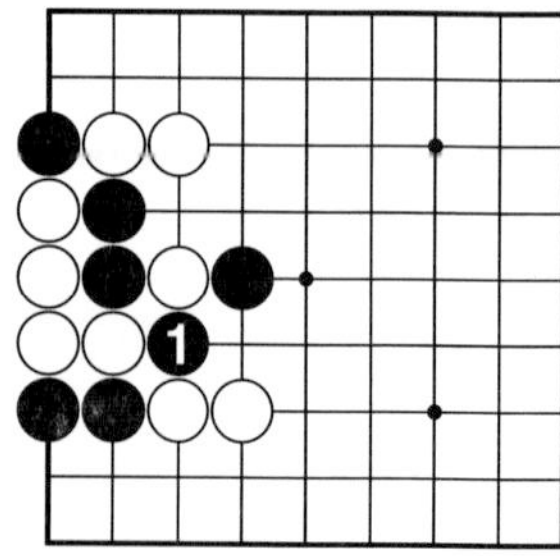

[26] Siyah bir kenar'daki dört beyaz taşlari yeniyor.

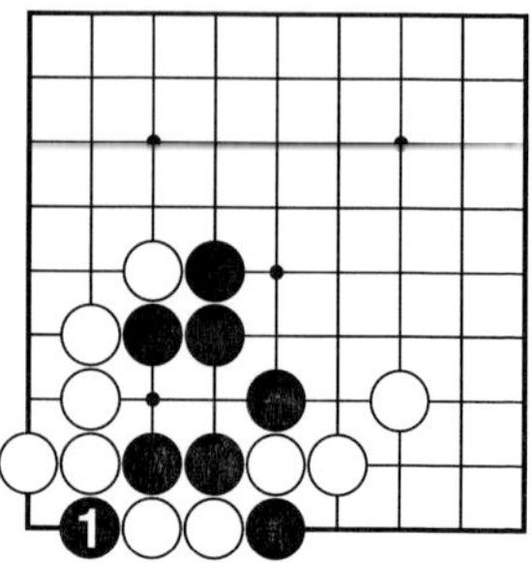

[27] Siyah 1 iki beyaz taşları yeniyor.

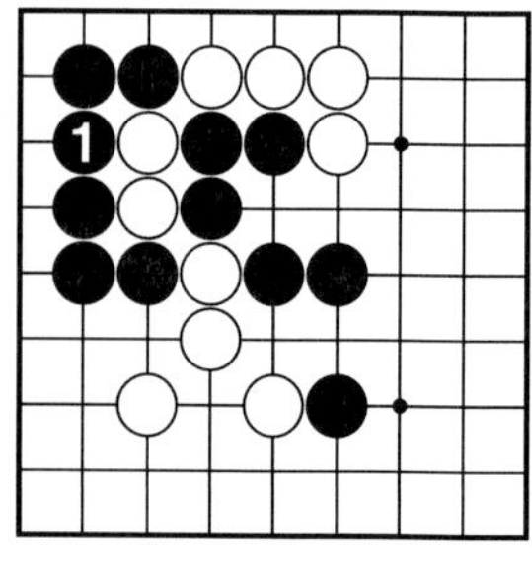

[28] Siyah 1 iki beyaz taşları yeniyor.

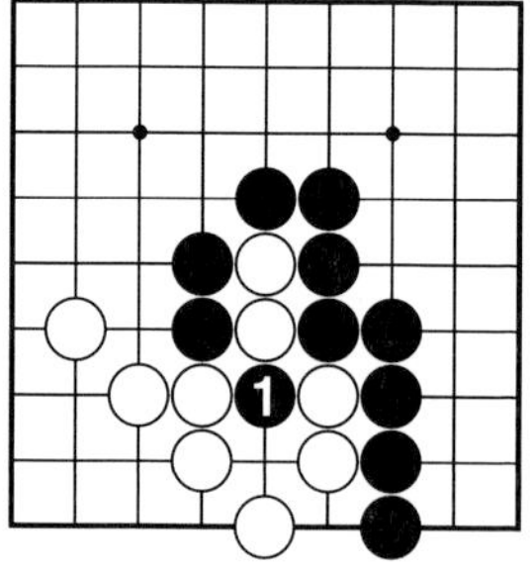

[29] Siyah 1 iki beyaz taşları yeniyor.

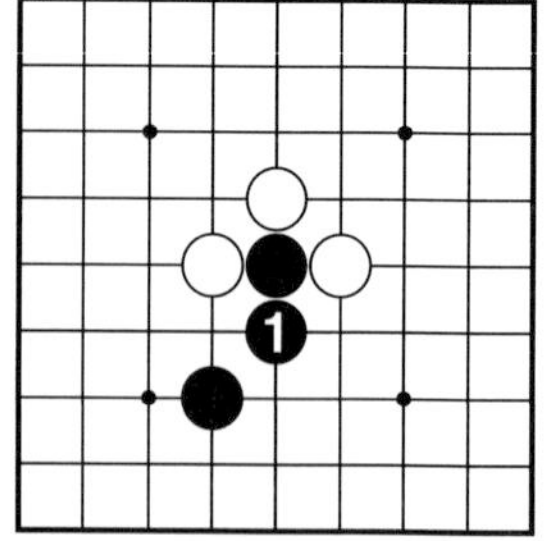

[30] Siyah 1 tehlikede kalan taşi Atari'den çıkartiyor.

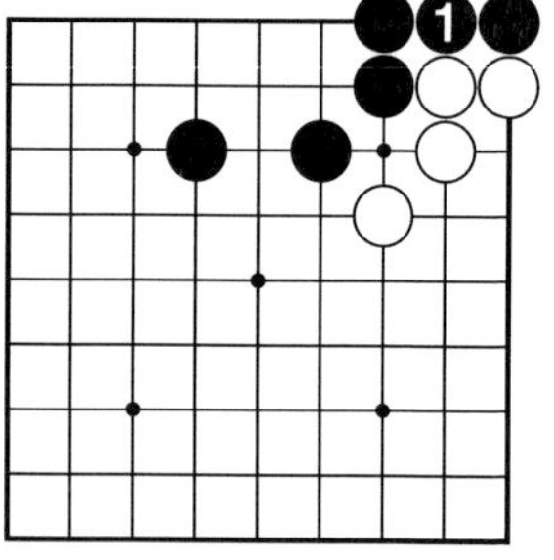

[31] Siyah 1 tehlikede kalan taşi kurtariyor, diğer taşlarla birlestirince.

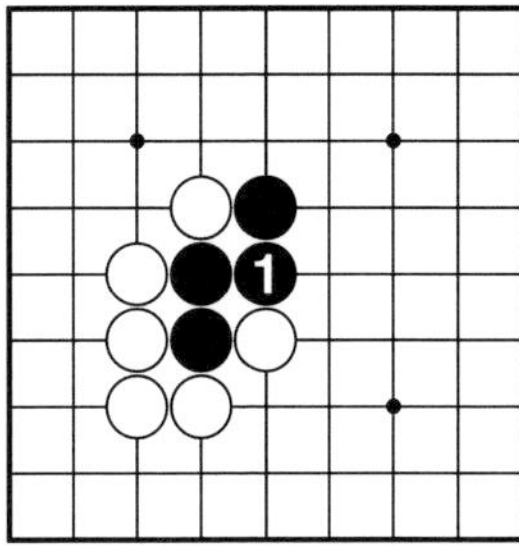

[32] Siyah 1 taşları birliştiriyor ve yenilmekden kurtariyor.

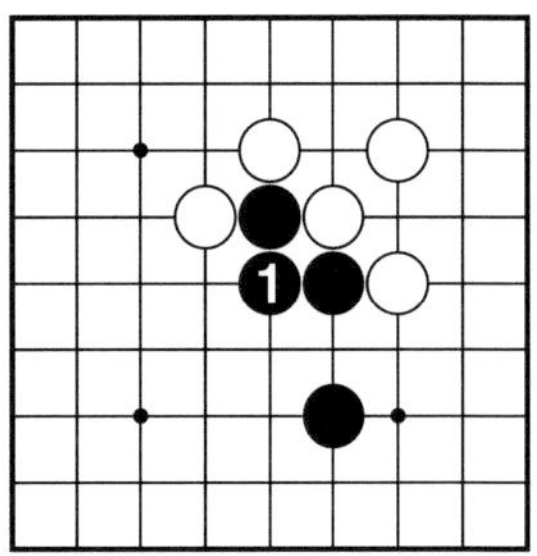

[33] Siyah 1 Atari'yi kapatiyor ve tehlikede kalan taşı birliştiriyor.

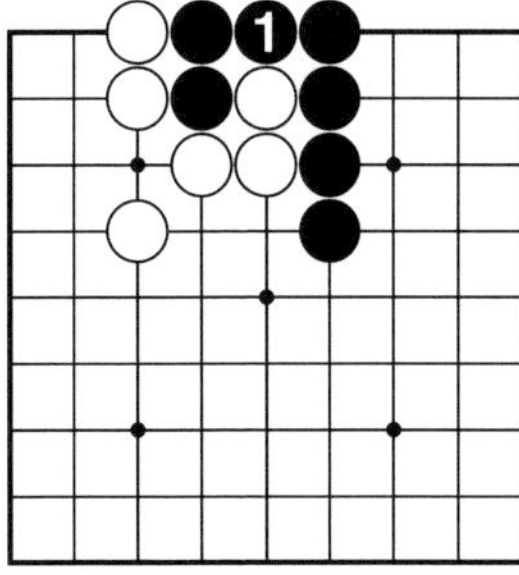

[34] Siyah 1 tehlikede kalan taşları diğer siyah taşlarla birliştiriyor.

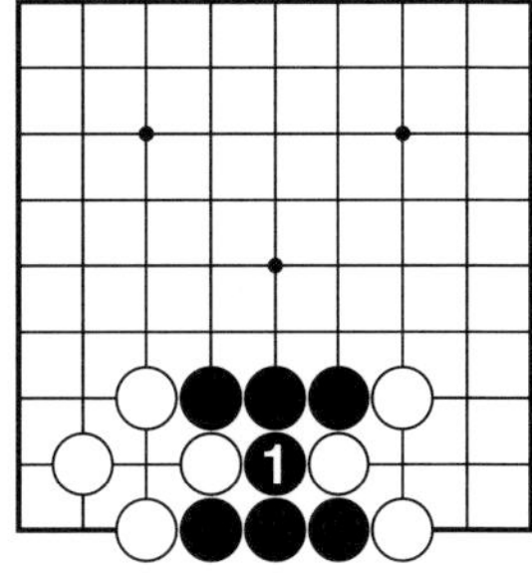

[35] Siyah 1 tehlikede kalan taşları diğer siyah taşlarla birliştiriyor.

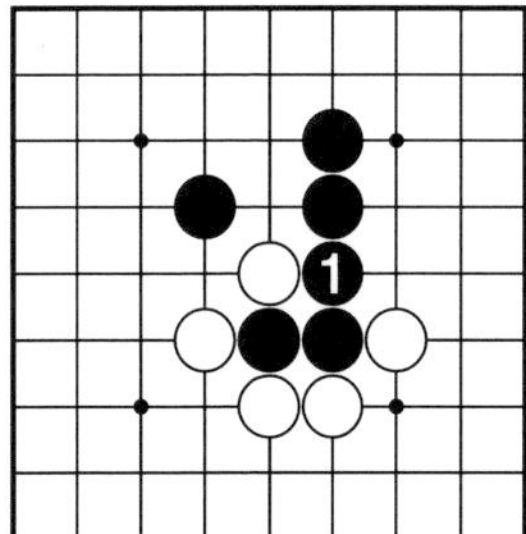

[36] Siyah 1 tehlikede kalan taşları diğer siyah taşlarla birliştiriyor.

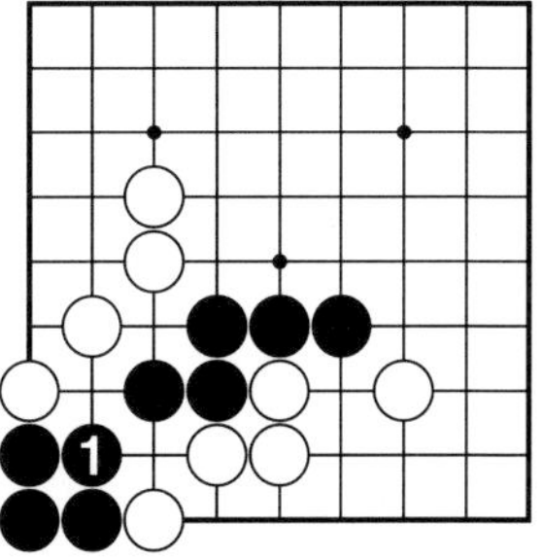

[37] Siyah 1 tehlikede kalan taşları kurtariyor. Hicbir sira bu görevi gerçeklistiriyor.

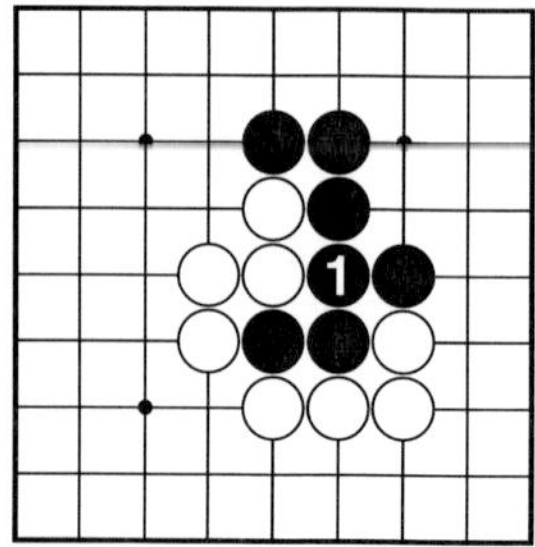

[38] Siyah 1 tehlikede kalan taşları diğer siyah taşlarla birliştiriyor.

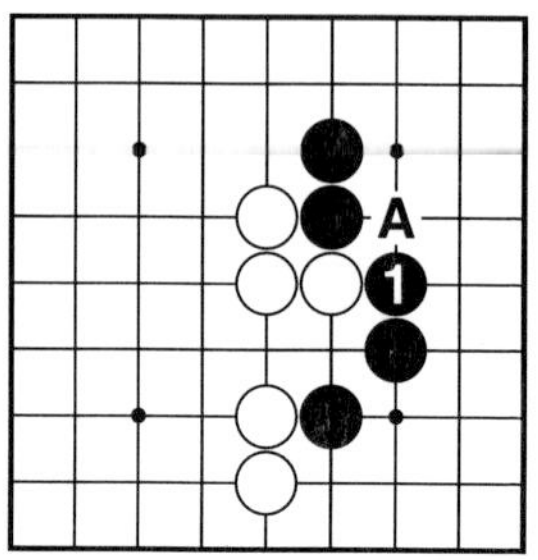

[39] Siyah bir beyaz taşları birliştiriyor. Eğer beyaz A'yi keserse, o zaman siyah kesen taşı yakalayabilir.

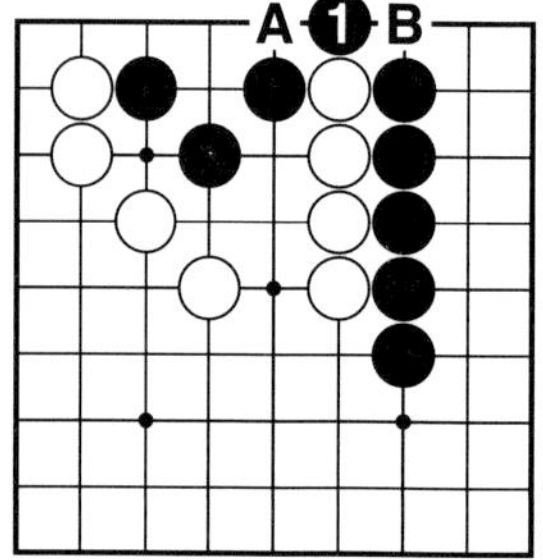

[40] Siyah 1 ilk cizgi'deki taşları birliştirebilir. Beyaz A'ya veya B'ye saldirirsa, o zaman siyah yenebilir.

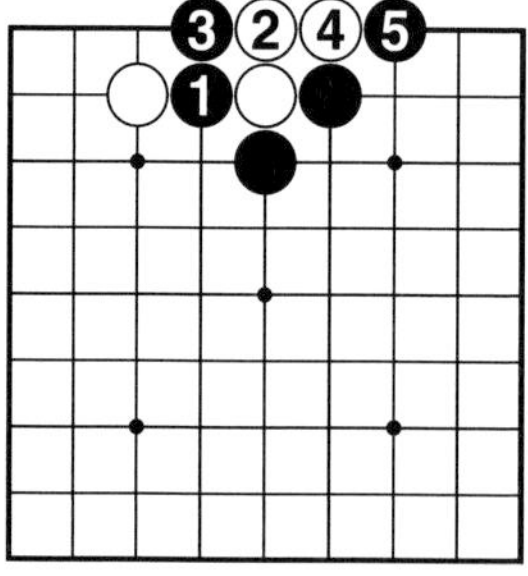

[41] Siyah 1 doğru Atari'dir, çünkü beyaz kenardayken kaçamaz.

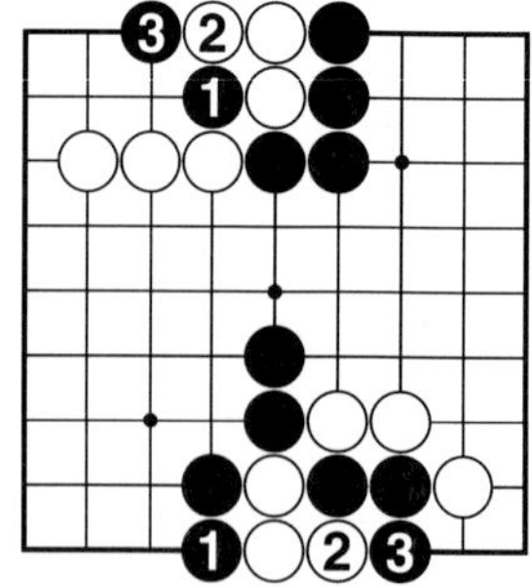

[42] Siyah 1 her defasinda doğrudur. Eğer siyah yukarda başka bir sira oynarsa, o zaman beyaz 1're birliştirir.

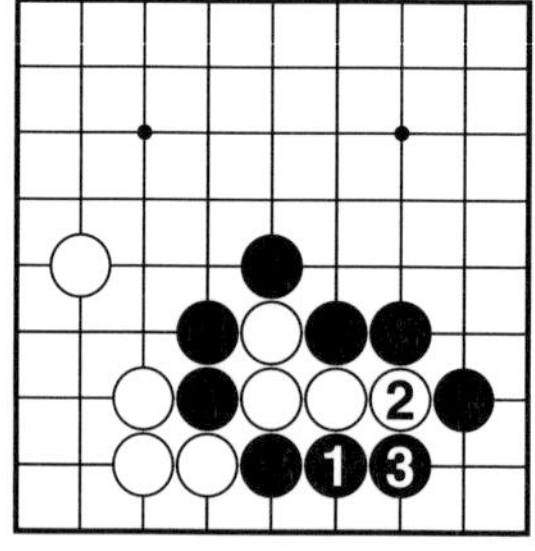

[43] Siyah 1 doğru Atari'dir, çünkü beyaz kaçamaz.

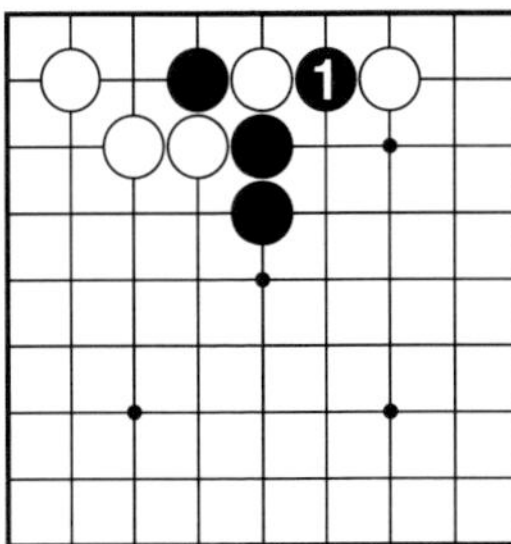

[44] Siyah 1 doğrudur. Eğer siyah başka bir sira oynarsa, o zaman beyaz 1're birliştirir.

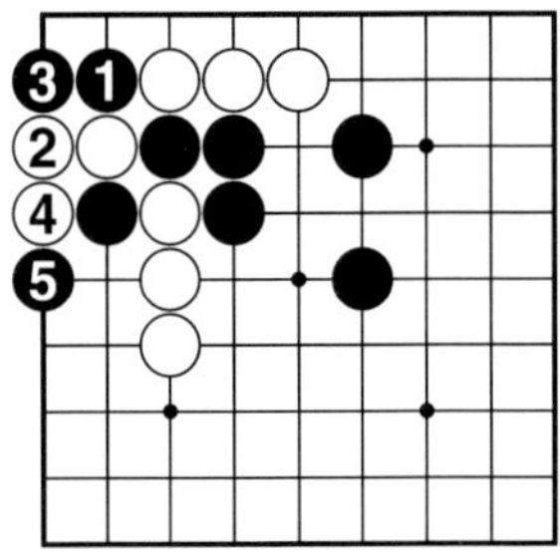

[45] Siyah 1 doğru Atari'dir, çünkü beyaz kenardayken kaçamaz.

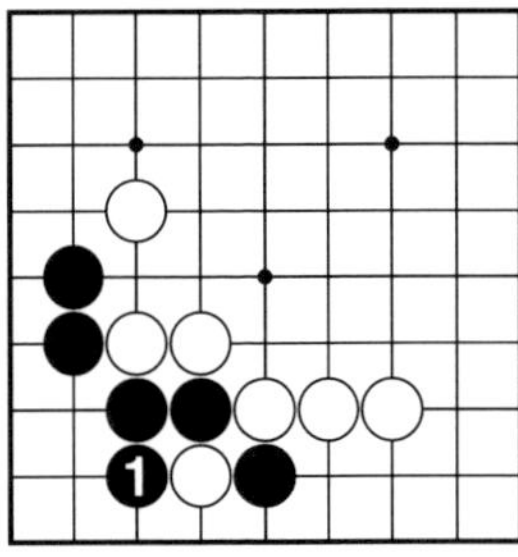

[46] Siyah 1 doğru Atari'dir, çünkü beyaz kenardayken kaçamaz.

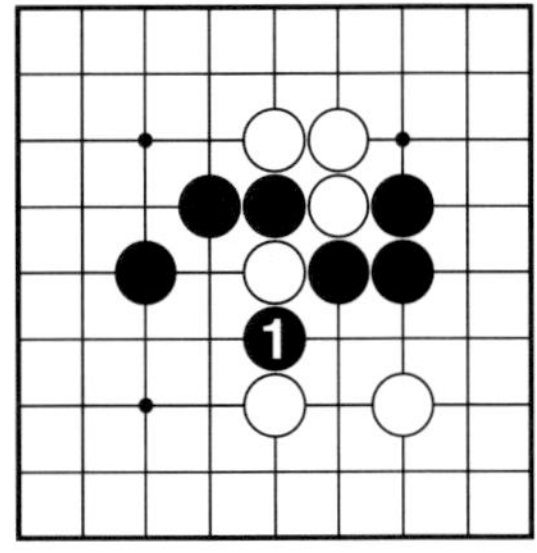

[47] Siyah 1 doğru yön'dür.

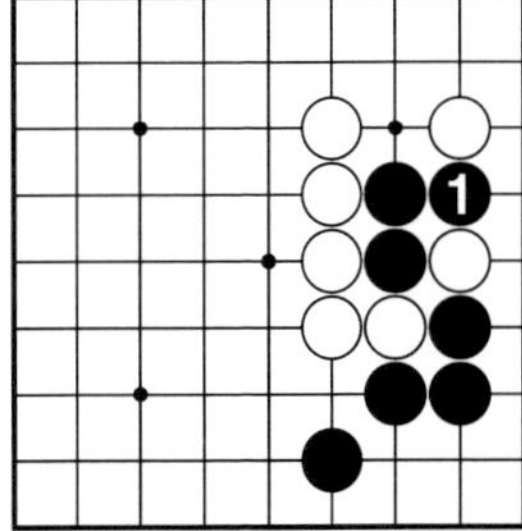

[48] Siyah 1 doğrudur. Eğer siyah başka bir sira oynarsa, o zaman beyaz 1're birliştirir.

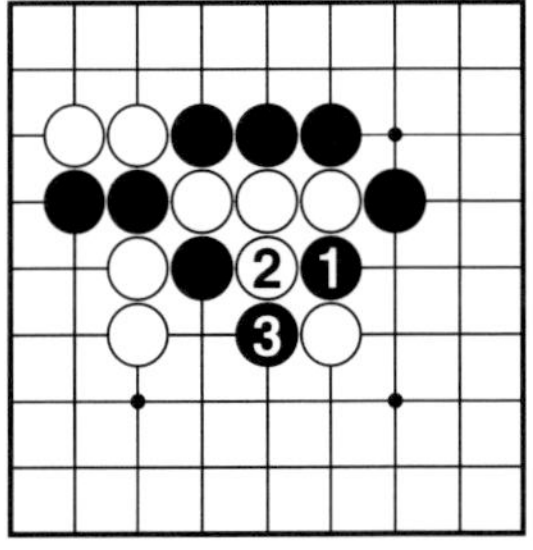

[49] Siyah 1 doğru Atari'dir. Eğer beyaz 2'le kaçmak istiyorsa, o zaman siyah 3'e yener.

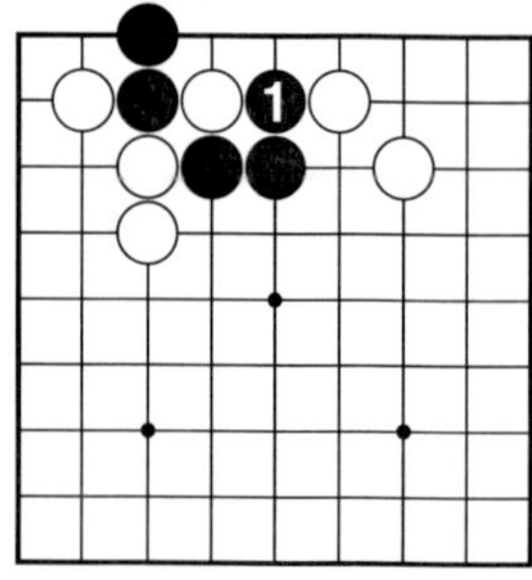

[50] Siyah 1 Atari'yi doğru yönden veriyor.

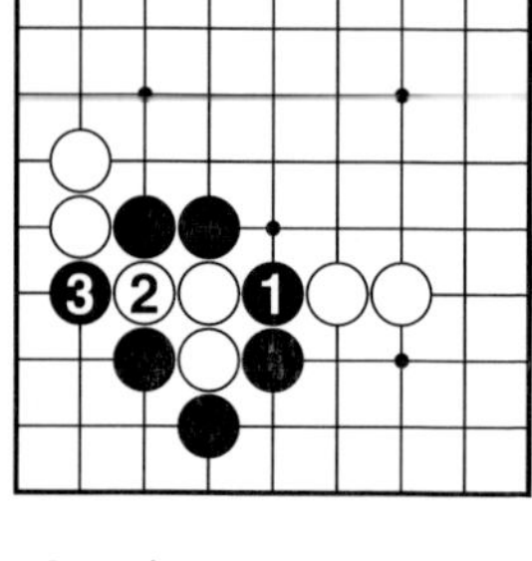

[51] Siyah 1 doğrudur. Eğer siyah başka bir sira oynarsa, o zaman beyaz 1're birliştirir.

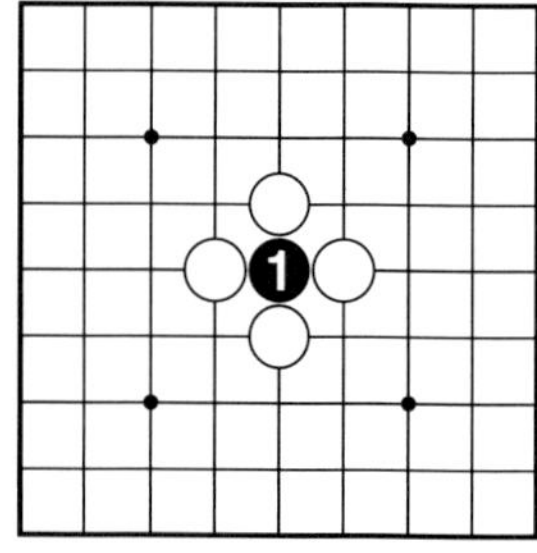

[52] Siyah 1 caiz değildir, çünkü bu sirasi intihardir. Siyah taşın özgürlüğü yoktur.

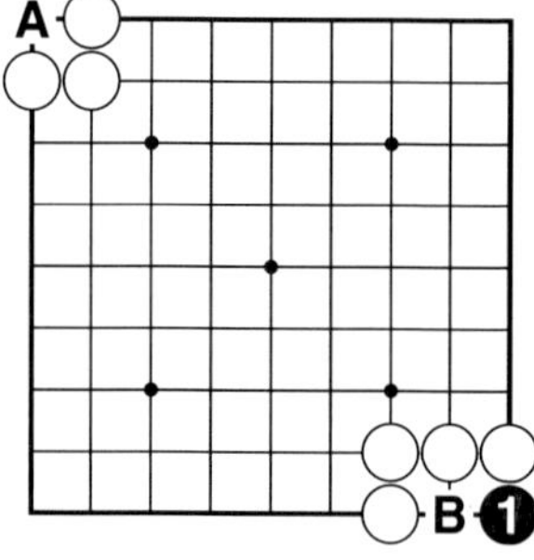

[53] Siyah sirasi A'ya karşı uygun değildir. Siyah 1 caizdir, çünkü o taşın B'ye karşı özgürlüğü vardir.

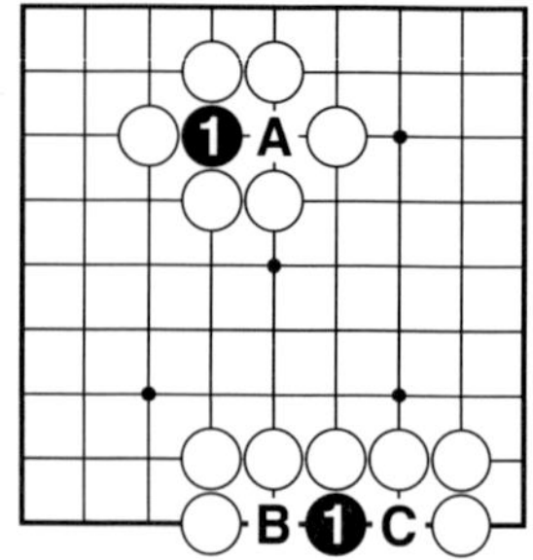

[54] Siyah 1'in iki sirasi caizdir. Taşların A, B ve C özgürlükler vardir.

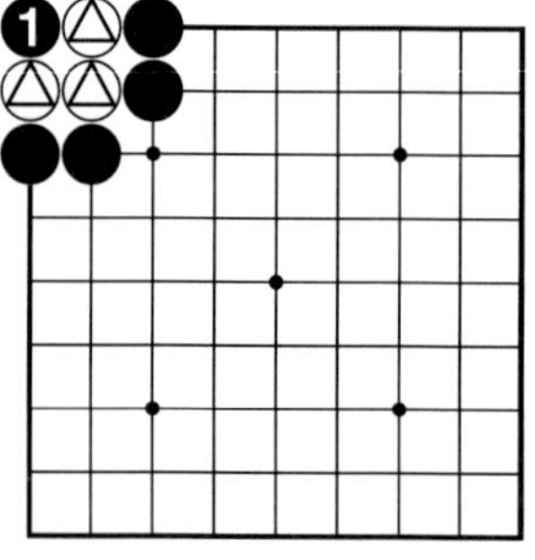

[55] Siyah 1 caizdir, çünkü üc işaretli beyaz taşları yeniyor.

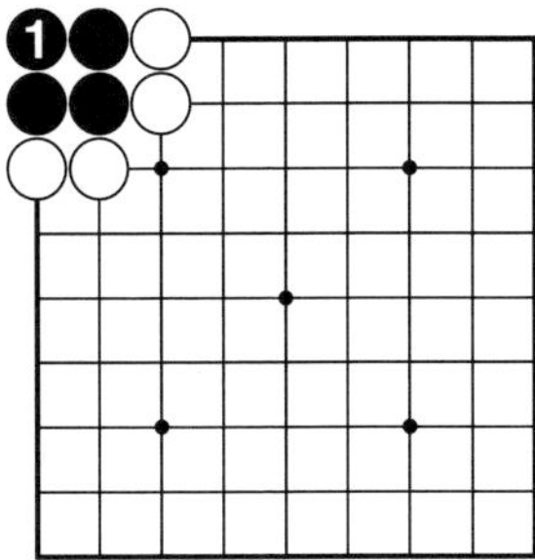

[56] Siyah 1 caiz değildir, çünkü dört siyah taşların özgürlüğü kalmaz.

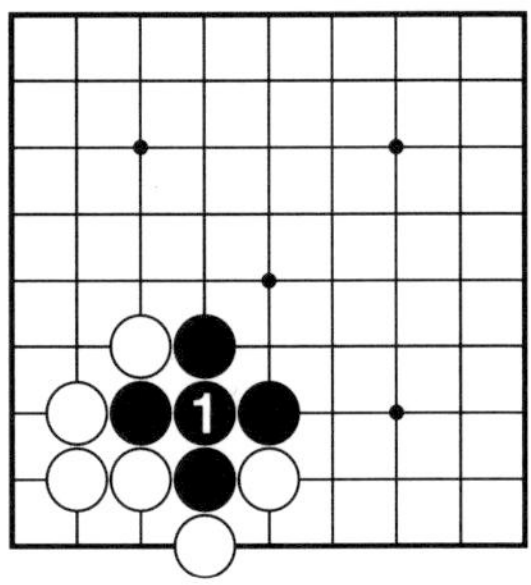

[57] Siyah 1 caizdir, çünkü iki tehlikede kalan taşları kapatiyor.

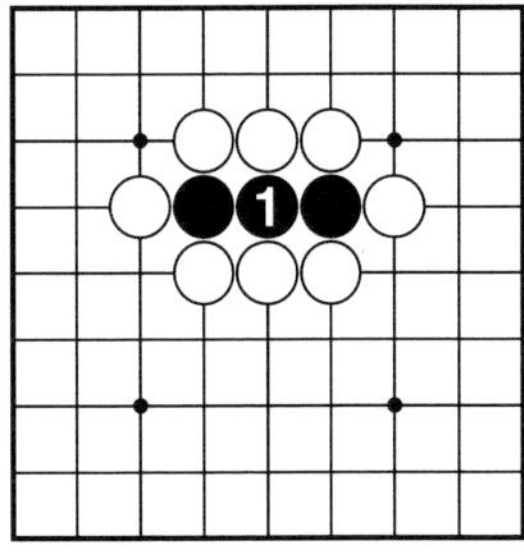

[58] Siyah 1 caiz değildir, çünkü üc siyah taşların özgürlüğü kalmaz.

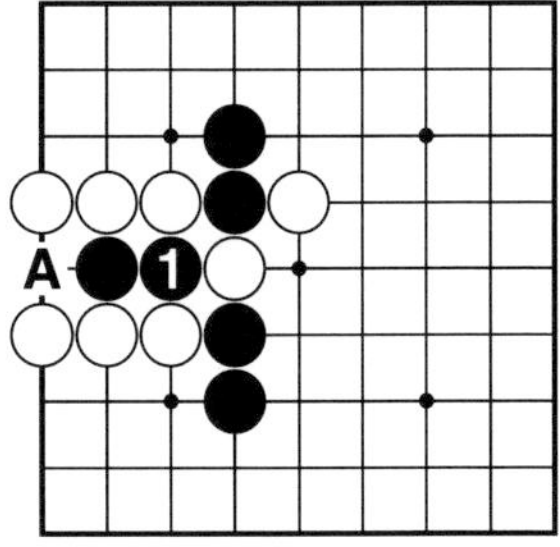

[59] Siyah 1 caizdir, çünkü iki taşların A'da özgürlükleri var.

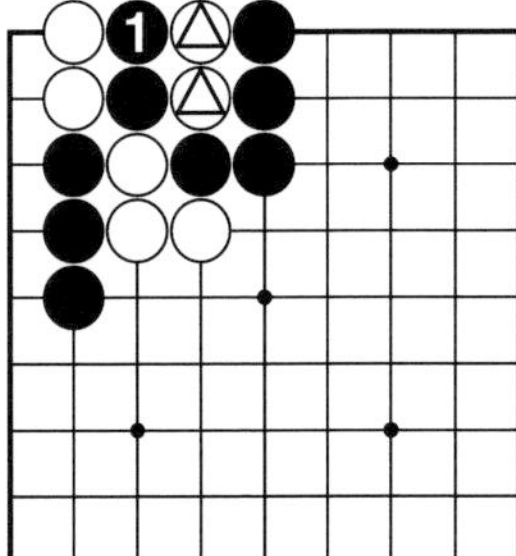

[60] Siyah 1 caizdir, çünkü iki işaretli beyaz taşları yeniyor.

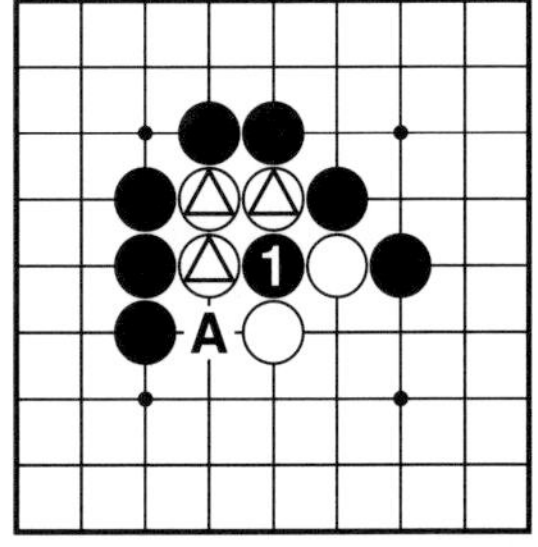

[61] Siyah 1 caiz değildir, çünkü işaretli beyaz taşlarının A'da özgürlükleri var.

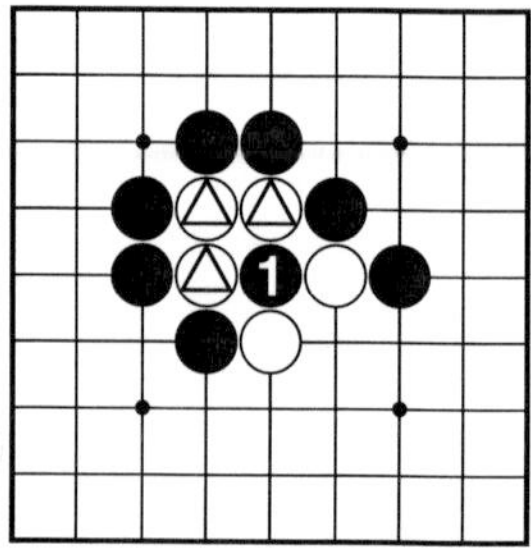

[62] Siyah 1 caizdir, çünkü üc işaretli beyaz taşları yeniyor.

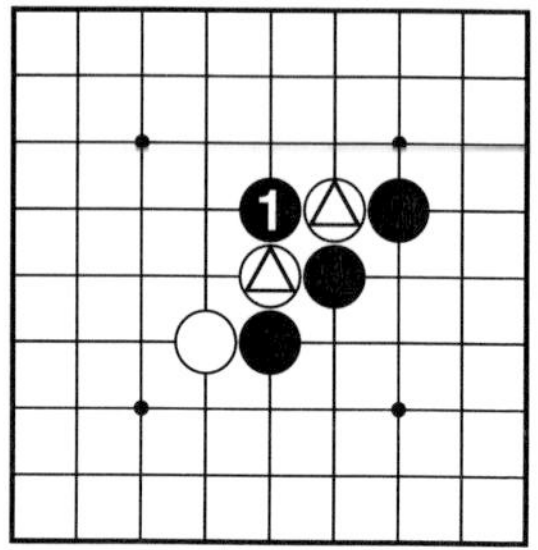

[63] Siyah 1 doğrudur, çünkü her iki işaretli taşlari tehdit ediyor. Beyaz tek birtanesini kurtarabilir.

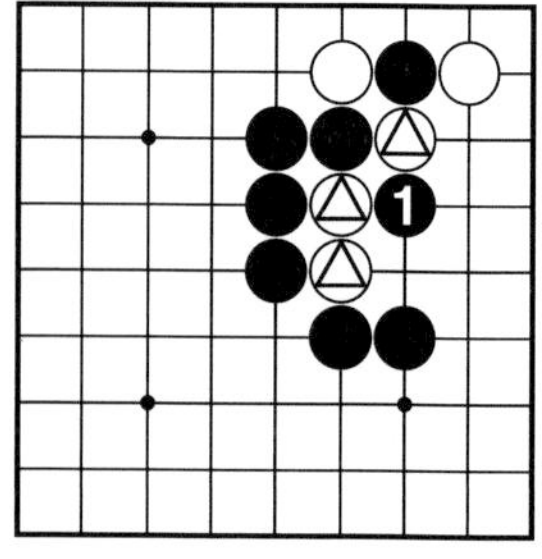

[64] Siyah 1 bir hem iki taşları Atari'ye yerleştiriyor.

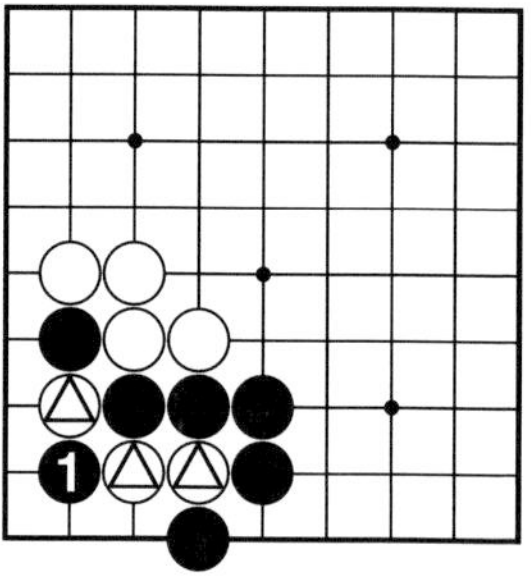

[65] Siyah 1 cift-Atari'dir.

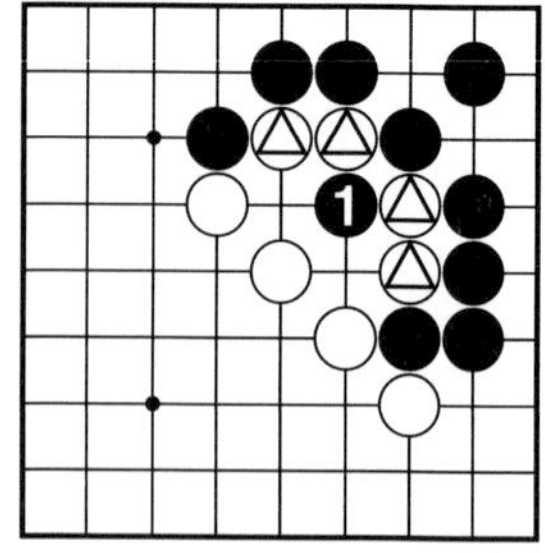

[66] Siyah 1 iki kere iki taşlari Atari'ye yerleştiriyor.

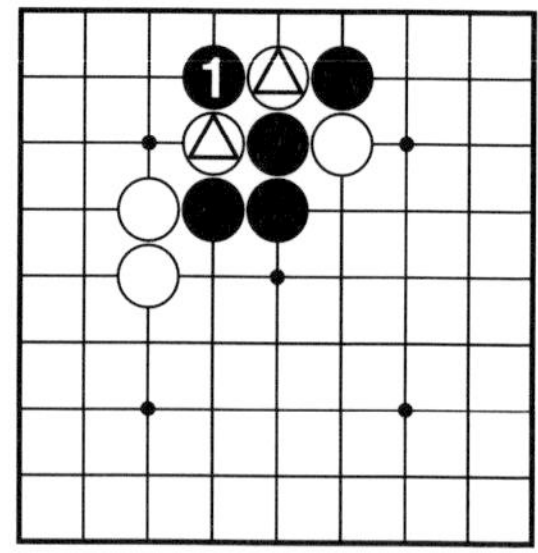

[67] Siyah 1 doğrudur, çünkü iki taşı ayni zamaninda tehdit ediyor.

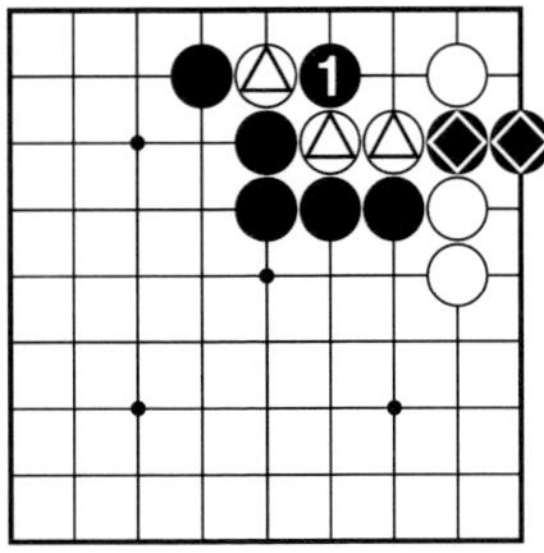

[68] Siyah 1 cift-Atari'dir. Dikkat edin, çünkü işaretli siyah taşlar kurtulamazlar.

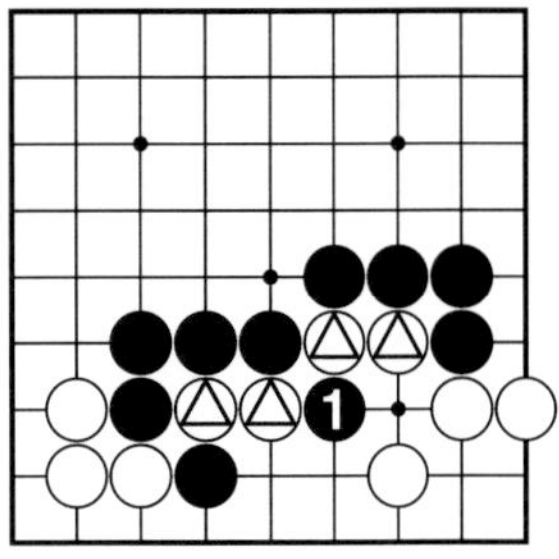

[69] Siyah 1 cift-Atari'dir.

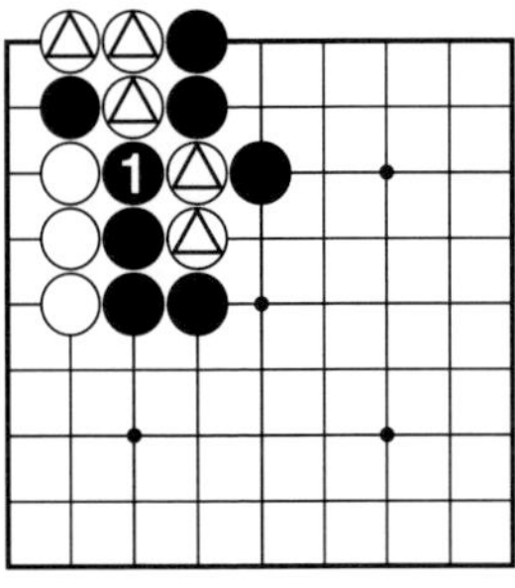

[70] Siyah 1 doğrudur, çünkü ayni zamaninda iki taş zincirleri tehdit ediyor.

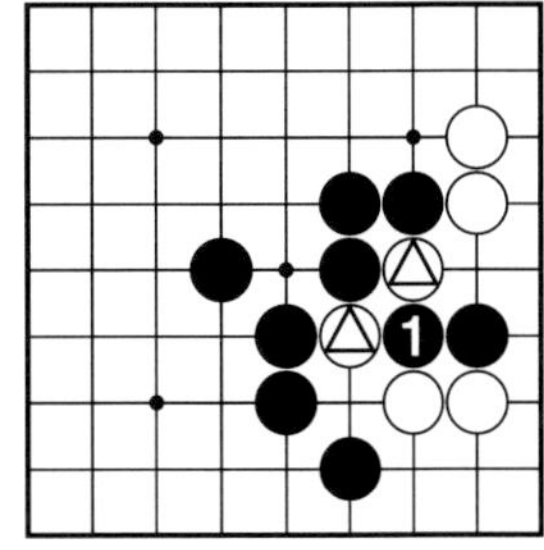

[71] Siyah 1 cift-Atari'dir.

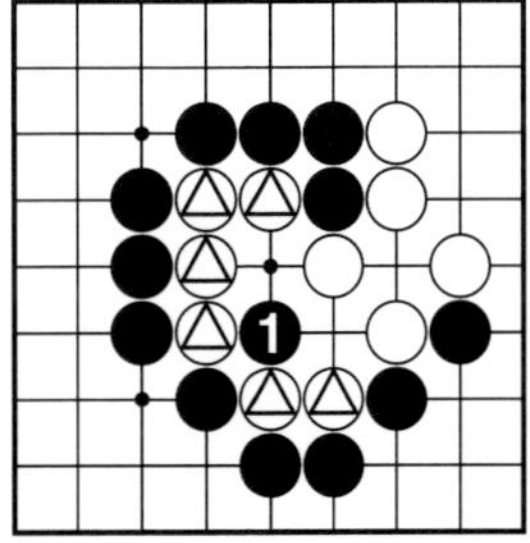

[72] Siyah 1 bir kere iki ve bir kere dört taşları Atari'ye yerleştirir.

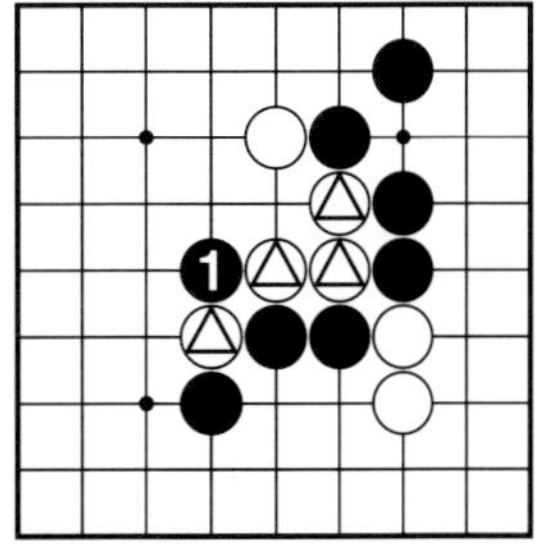

[73] Siyah 1 bir taşi ve üc taşı Atari'ye yerleştirir.

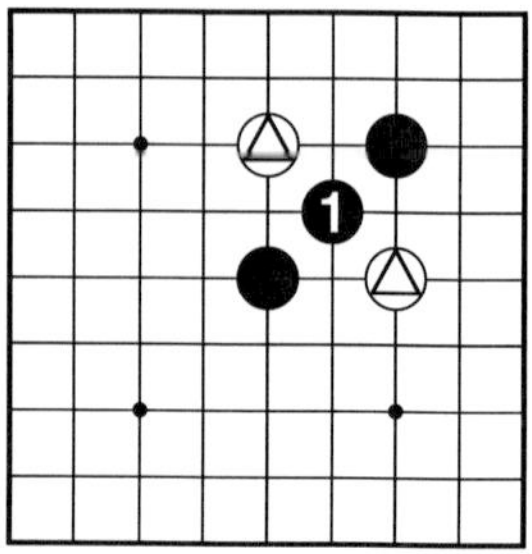

[74] Siyah 1 iki beyaz taşları ayiriyor ve siyah taşlarının güvenli bir baglantiya birlestiriyor.

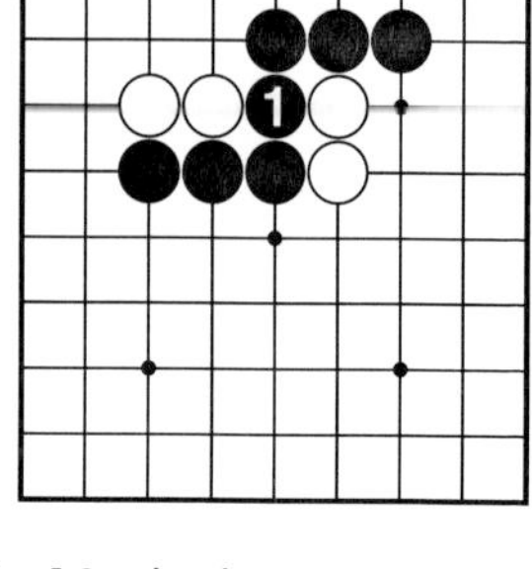

[75] Siyah 1 beyaz taşları ayiriyor ve ayni zamaninda siyahlari birlestiriyor.

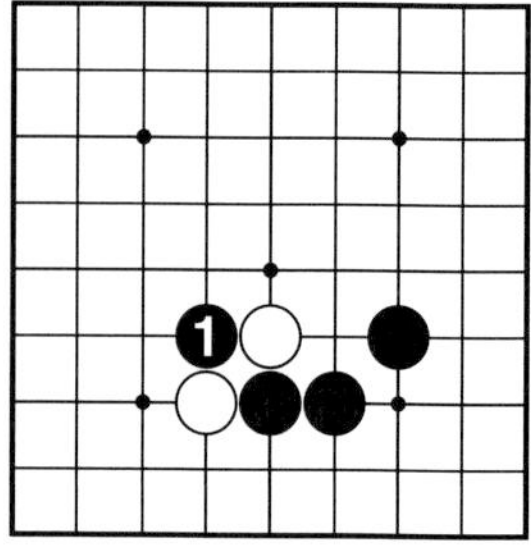

[76] Siyah 1 kesiyor ve beyaz taşları ayiriyor.

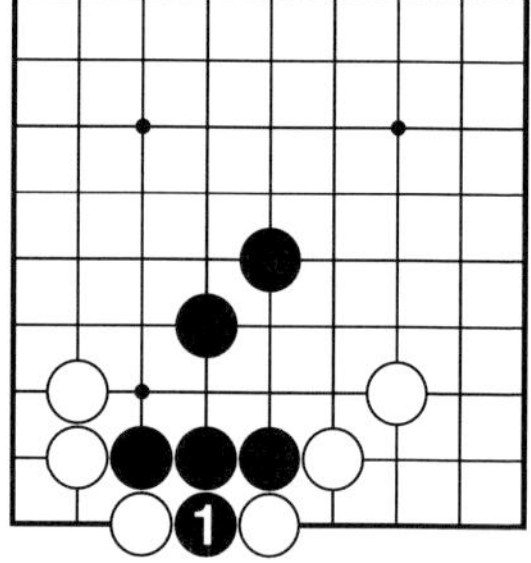

[77] Siyah 1 beyaz taşlarinin baglantisini engelliyor.

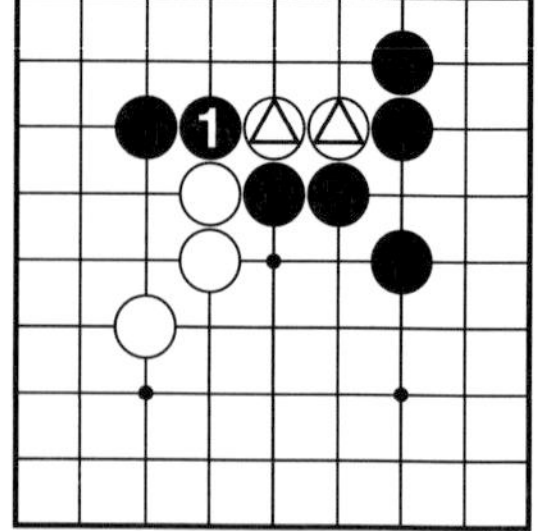

[78] Siyah 1 kesiyor. Iki işaretli taşlar kaybetmis olarak sayılır.

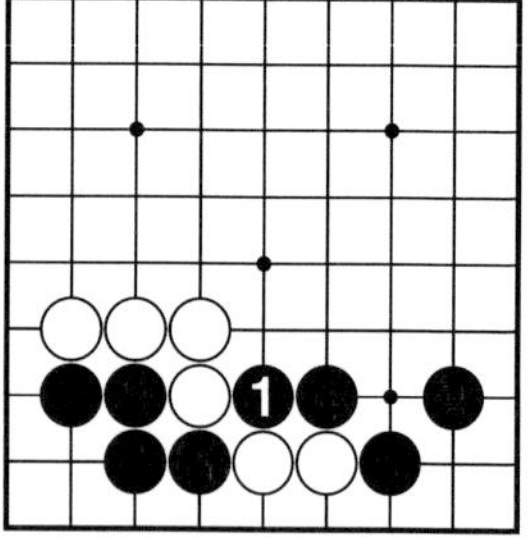

[79] Siyah 1 kesiyor. Iki beyaz taşlar artik kaçamaslar.

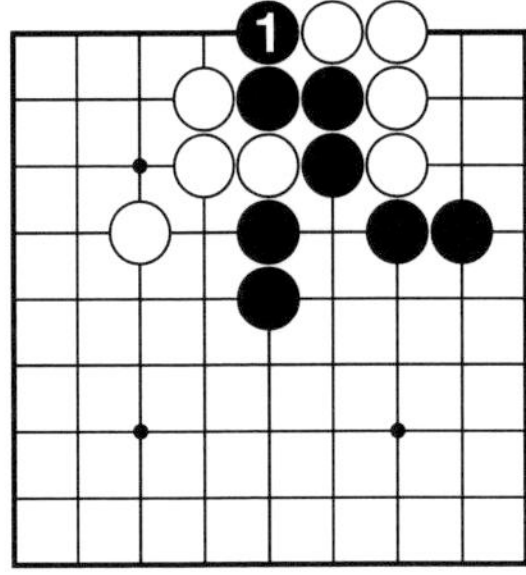

[80] Siyah 1 beyaz taşları ayiriyor ve baglantisini engelliyor.

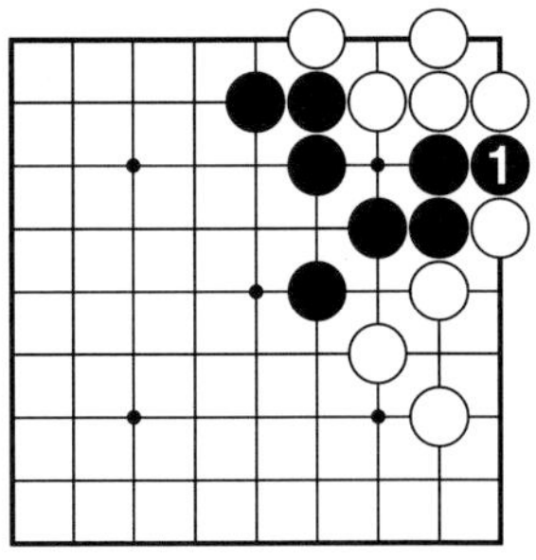

[81] Siyah 1 beyaz taşlari ayiriyor.

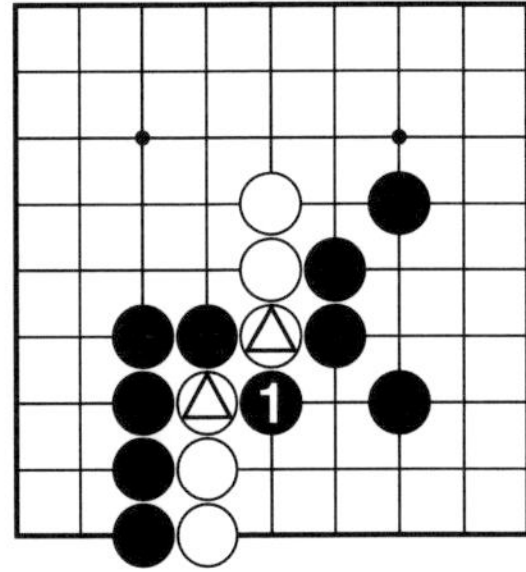

[82] Siyah 1 kesiyor ve beyaz taşları ayiriyor.

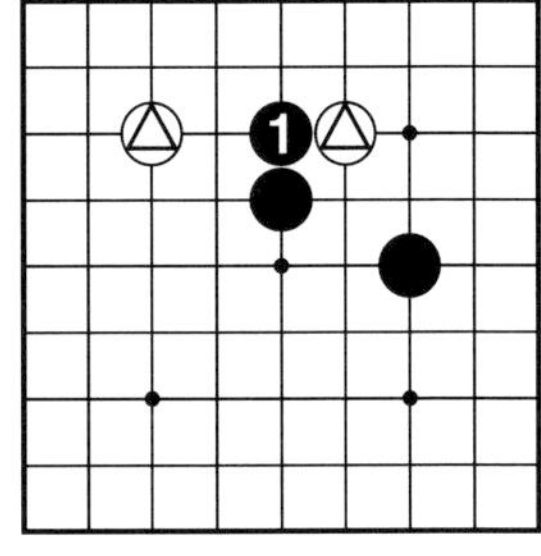

[83] Siyah 1 beyaz taşlari ayiriyor ve bagalanamiyorlar.

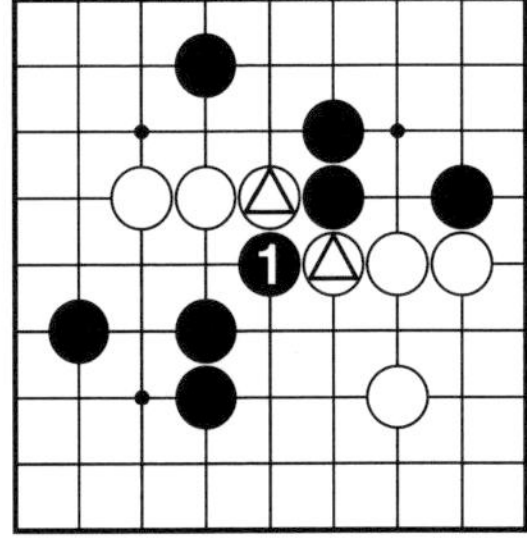

[84] Siyah 1 kesiyor ve beyaz taşları ayiriyor.

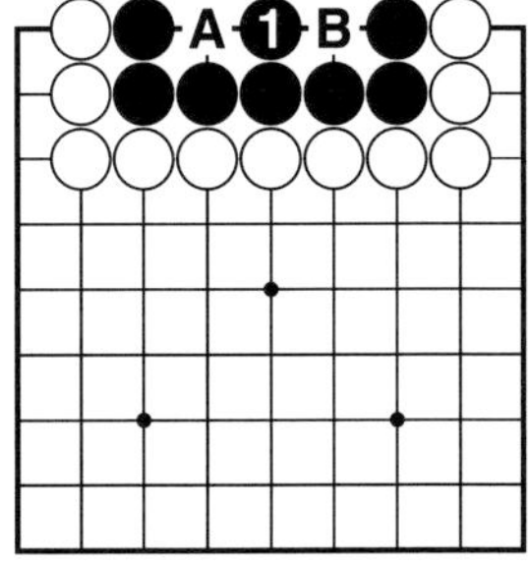

[85] Siyah 1 diri noktasıdir ve iki gözlen emniyete aliniyor: A ve B. Siyah yasiyor.

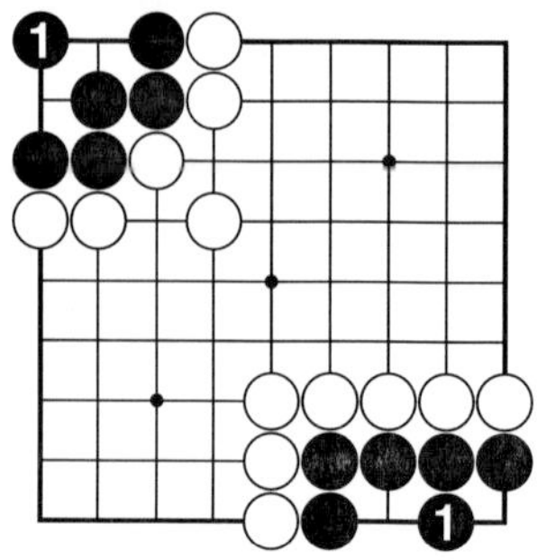

[86] Siyah 1 diri noktasını işgâl ediyor. Her iki köseler güvenlidir ve artik yenilenemezler.

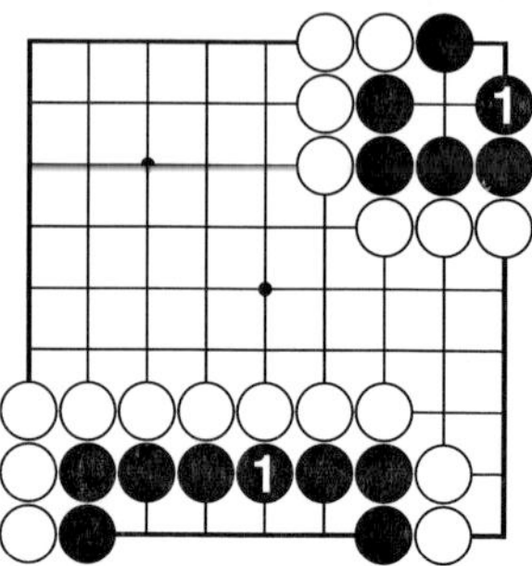

[87] Siyah 1 hayati emniyete aliyor. Hic bir sira bu görevi gerçeklestiremiyor.

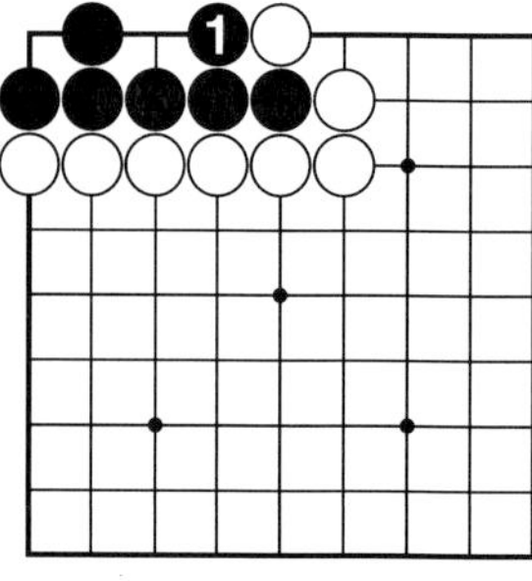

[88] Siyah 1 ikinci gözü emniyete aliyor. Siyah yasiyor.

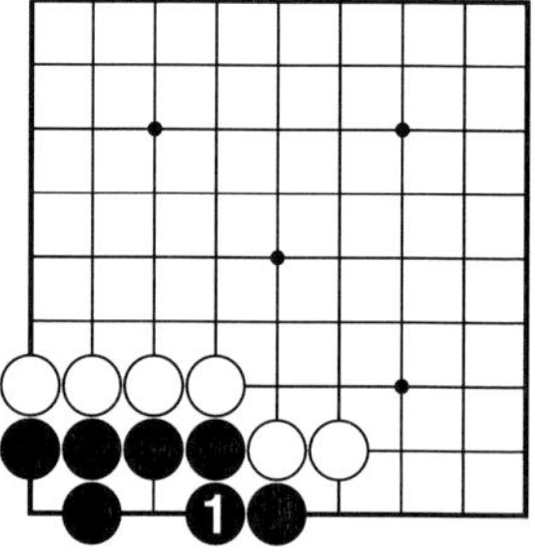

[89] Siyah 1 ikinci gözü emniyete aliyor. Siyah yasiyor.

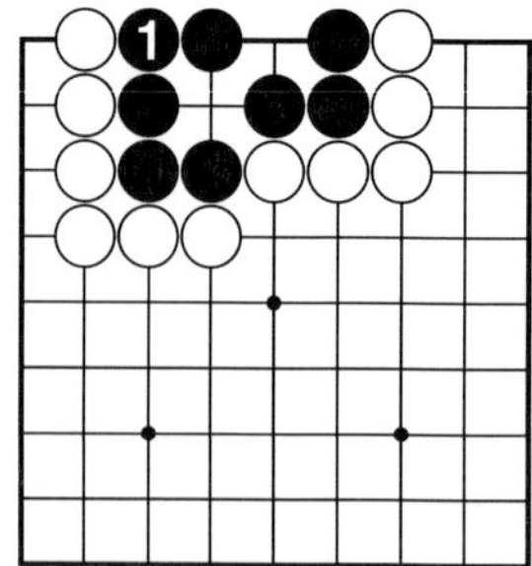

[90] Siyah 1 ikinci gözü emniyete aliyor. Siyah yasiyor.

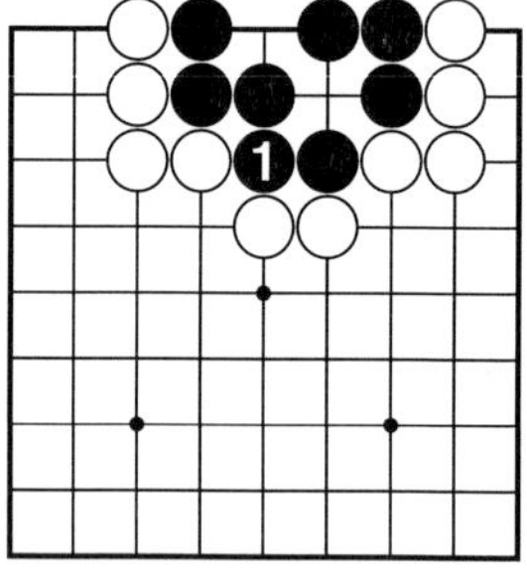

[91] Siyah 1 ikinci gözü emniyete aliyor. Siyah yasiyor.

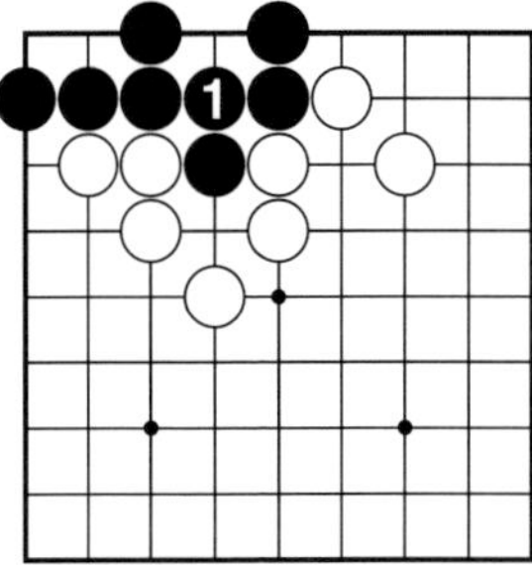

[92] Siyah 1 gerekli ve grupun hayati emniyete aliyor.

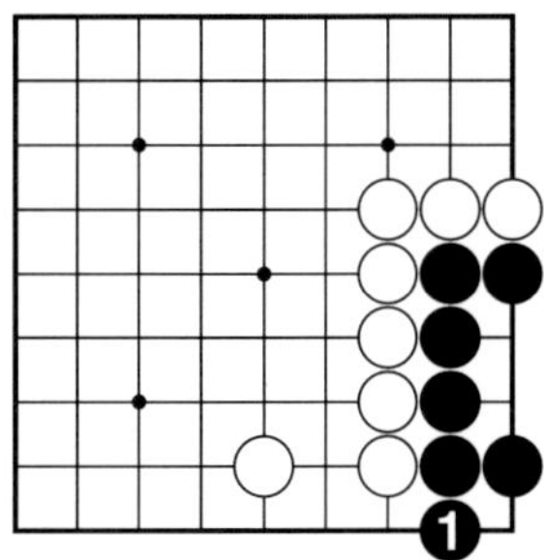

[93] Siyah 1 ikinci gözü emniyete aliyor. Siyah yasiyor.

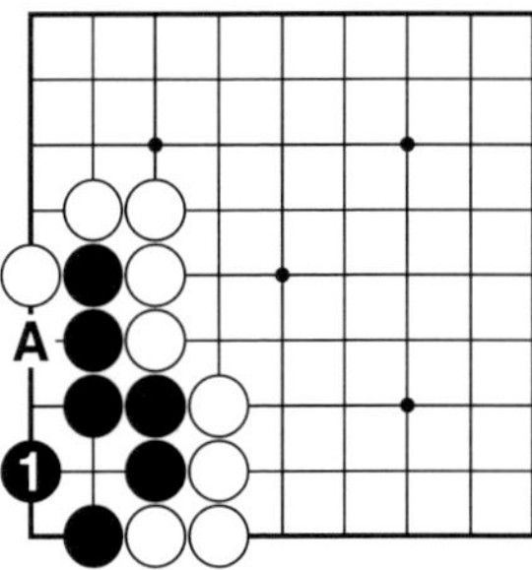

[94] Siyah 1 hayati emniyete aliyor. Siyah onun yerinde A'da oynarsa, o zaman beyaz bir sirayla 1'i öldürüyor.

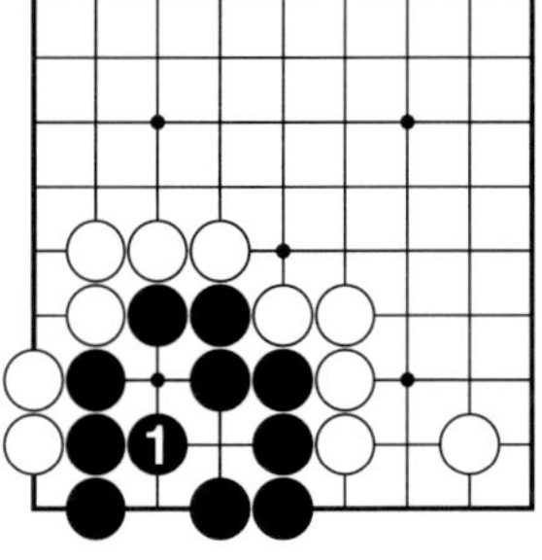

[95] Siyah 1 göz formu emniyete aliyor. Siyah yasiyor.

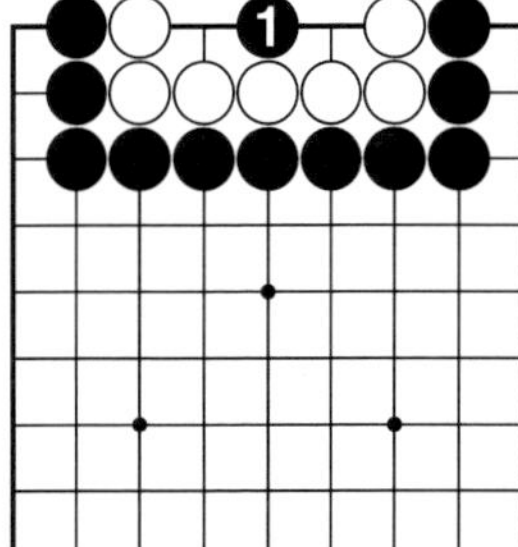

[96] Siyah 1 beyaz'in iki gözü engelliyor. Beyaz ölmüsdür.

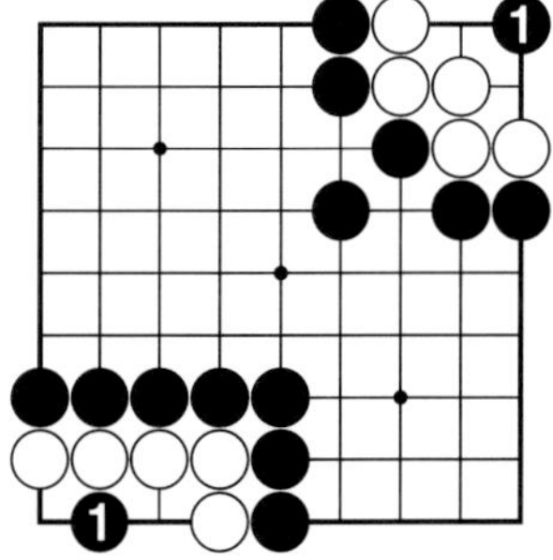

[97] Siyah 1 her iki köselerde beyaz'in göz yapmasini engelliyor. Her iki gruplar ölmüsdür.

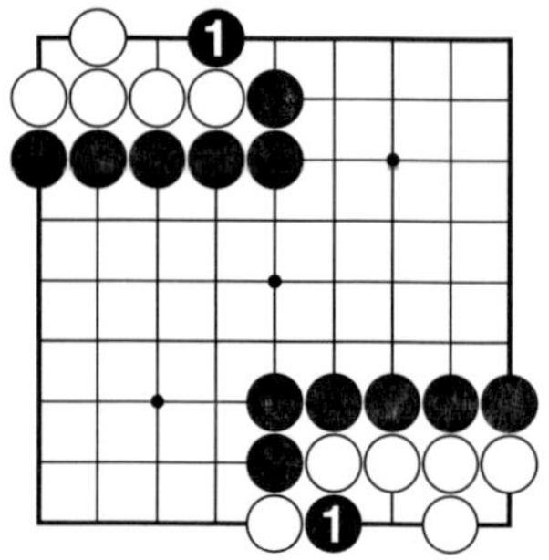

[98] Siyah 1 ikinci beyaz gözü engelliyor. Beyaz gruplar ölmüsdür.

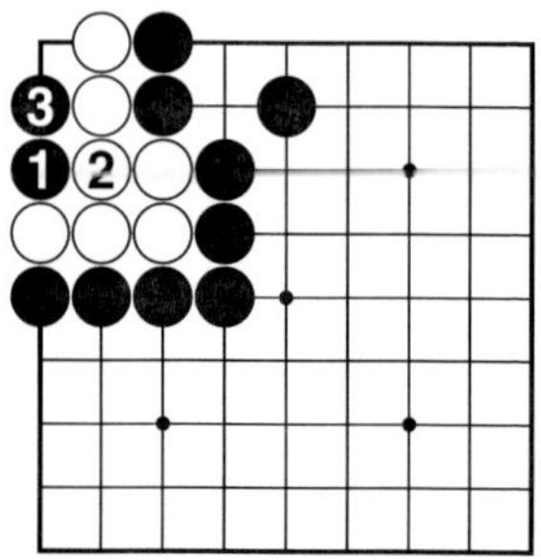

[99] Siyah 1'le Atari'yi veriyor ve 2'le iki gözü engelliyor. Siyaz bu duruşda hemen 3'e oynaya bilir.

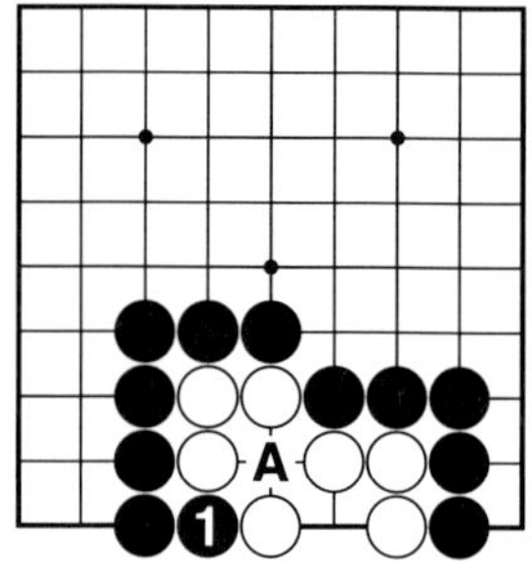

[100] Siyah 1 öldürüyor, çünkü her üc taşlar Atari'de duruyorlar. Siyah A'ya yenebilir.

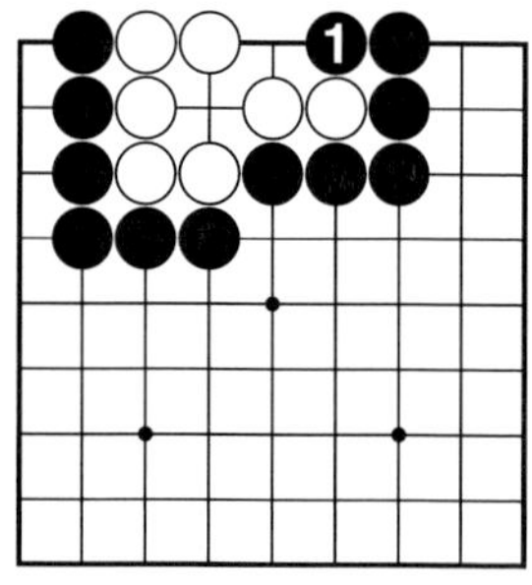

[101] Siyah 1 beyazinin ikinci gözünü engelliyor.

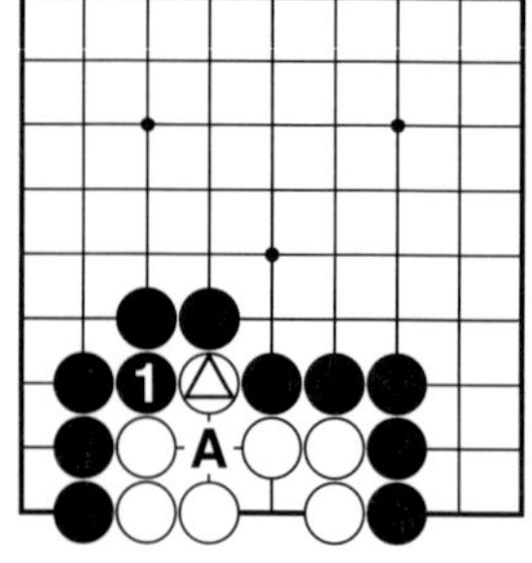

[102] Siyah 1 öldürüyor. Işaretli taş Atari'de duruyor ve A'nin üstüne yenebilir.

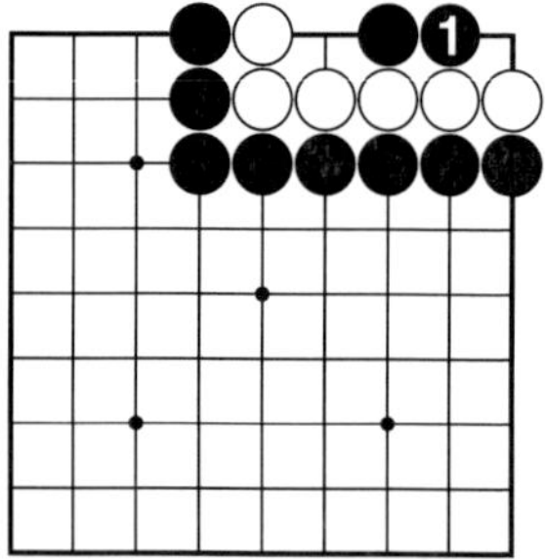

[103] Siyah 1 beyaz ikinci gözünü yapmasini engelliyor.

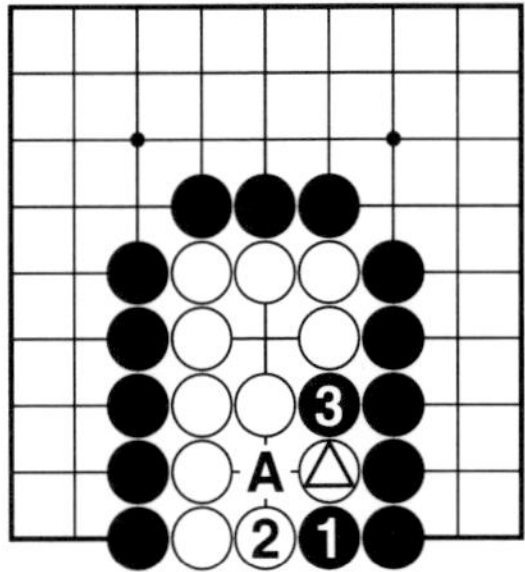

[104] Siyah 1 doğrudur. Beyaz 2'ye cevap verirse, o zaman siyah Atari üc verir.

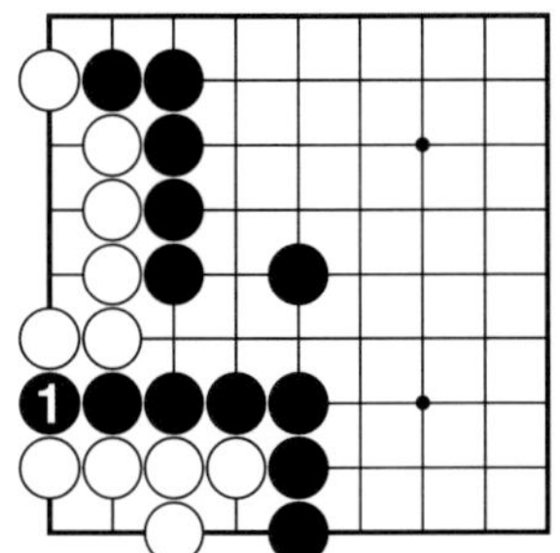

[105] Siyah 1 her iki beyaz gruplari ayiriyor. Onlarin tek bir gözleri vardir, ondan yasiyamazlar.

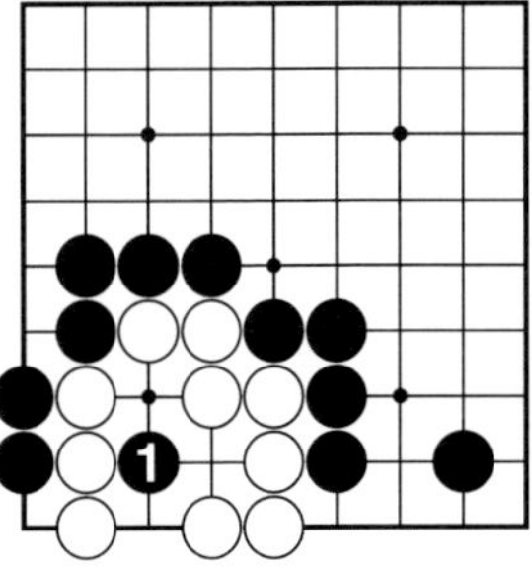

[106] Siyah 1 diri noktasını işgâl ediyor ve beyaz'in ikinci gözünü engelliyor.

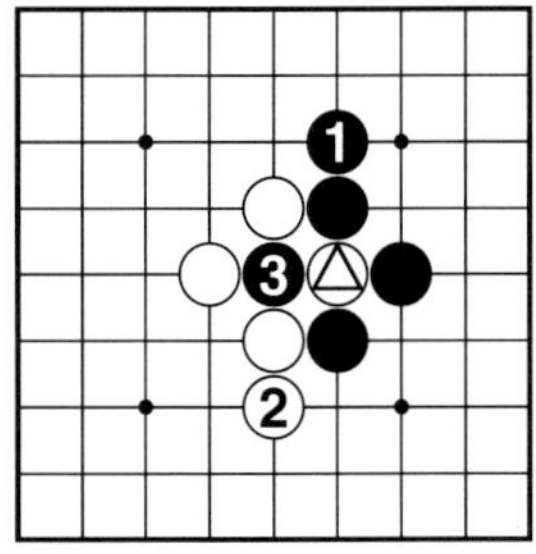

[107] Siyah hemen geri yenemez. Önce başka bir yerde oynamasi gerekli ki, üc'len yenebilmek için.

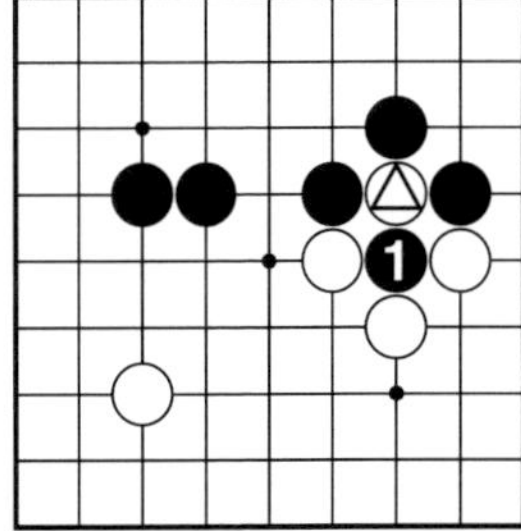

[108] Siyah 1 ilk sirayla Ko'lan başlıyor.

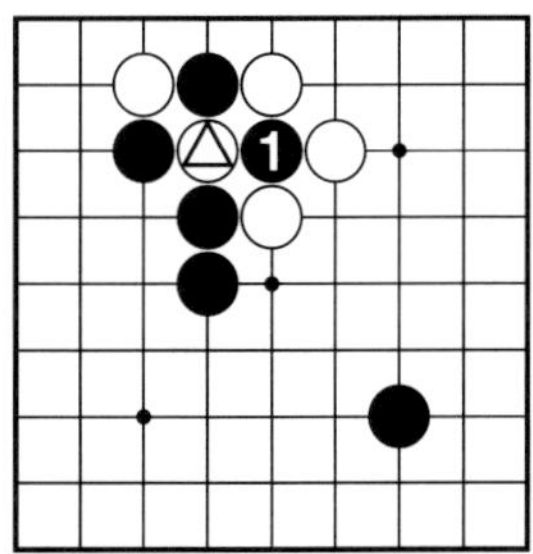

[109] Siyah 1 Ko başliyor. Beyaz hemen geri yenemez.

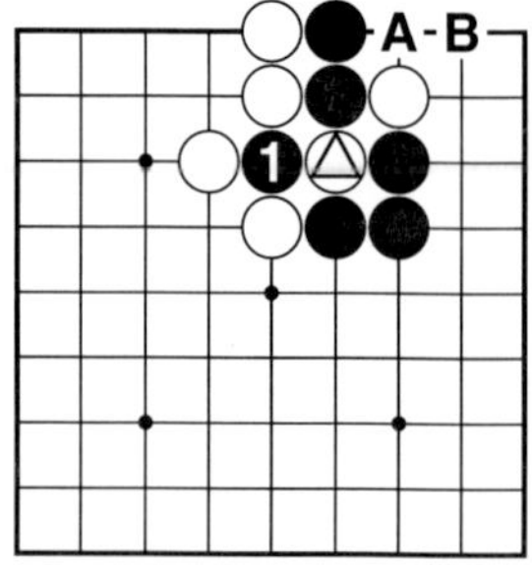

[110] Siyah 1 Ko'yo baslatiyor. Eğer Siyah A'ya oynarsa, o zaman Beyaz B'le yener.

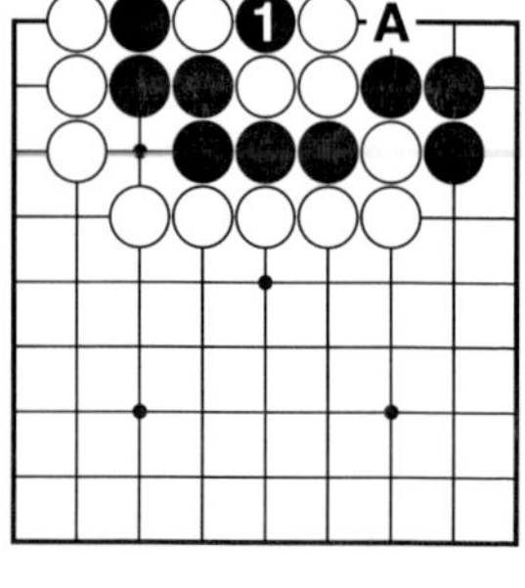

[111] Siyah 1 Ko'yo baslatiyor. Taşlari kurtarmak için, siyah A'ya yenmezi gereklidir.

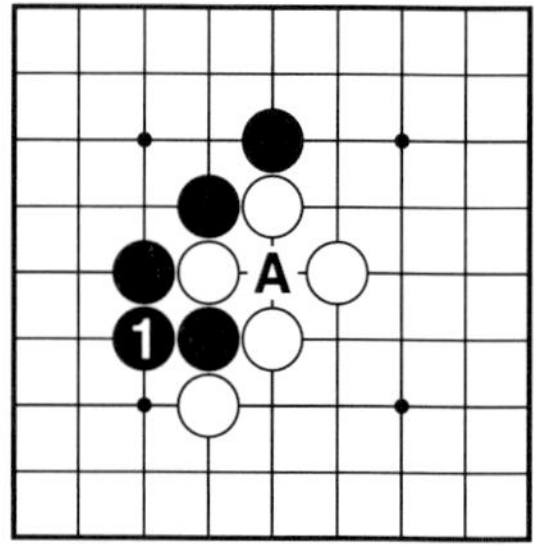

[112] Siyah 1'le başka taş yenmesin diye kurtarmasi gerekli. Suan A'ya oynayamaz.

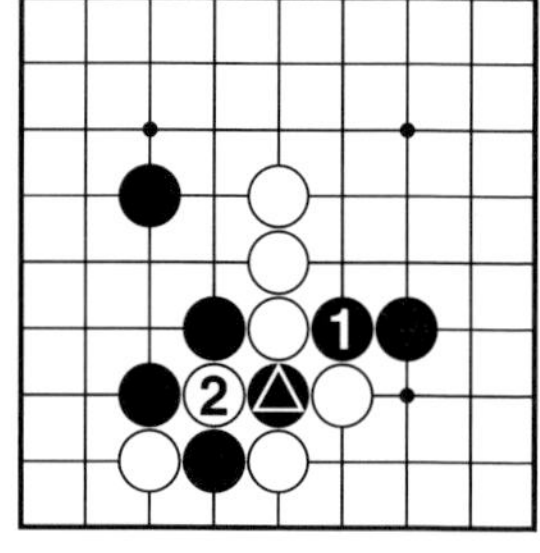

[113] Siyah 1 beyaz taşları ayiriyor ve beyaz 2'le Ko'yo baslamasi gereklidir.

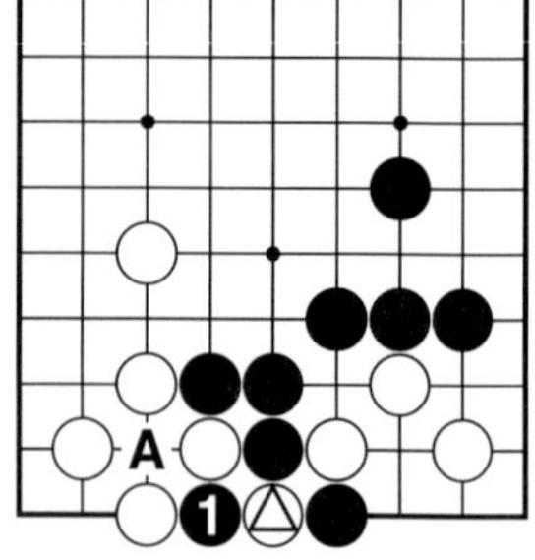

[114] Siyah 1 yeniyor ve beyaz hemen geri yenemez. Eğer A üstüne acarsa, o zaman siyah işaretli taşı acar.

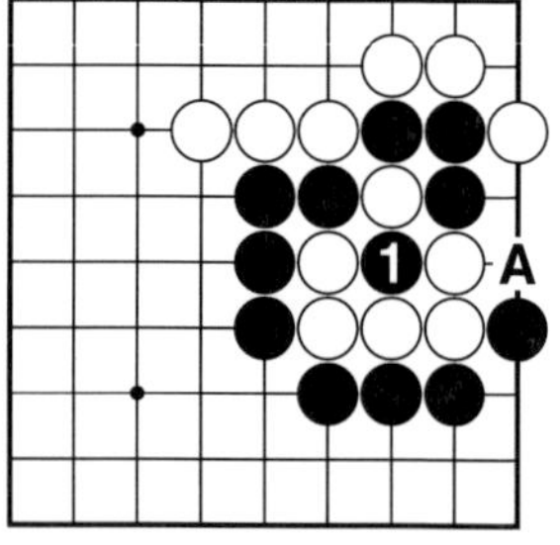

[115] Siyah 1 yeniyor ve beyaz hemen geri yenemez. Eğer A üstüne acarsa, o zaman siyah işaretli taşı acar.

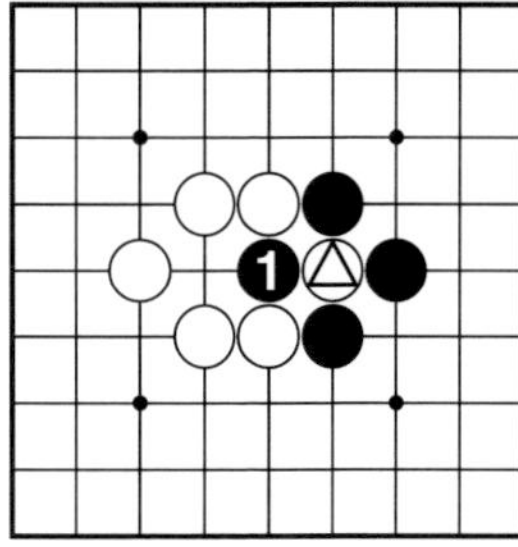

[116] Siyah 1'le Ko'yu baslatmaya, tek yoldur.

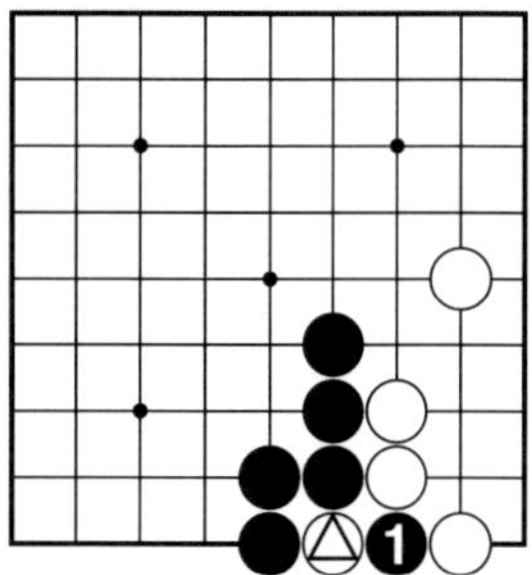

[117] Siyah 1'le tel taşı geri yenebilir. Ko değildir.

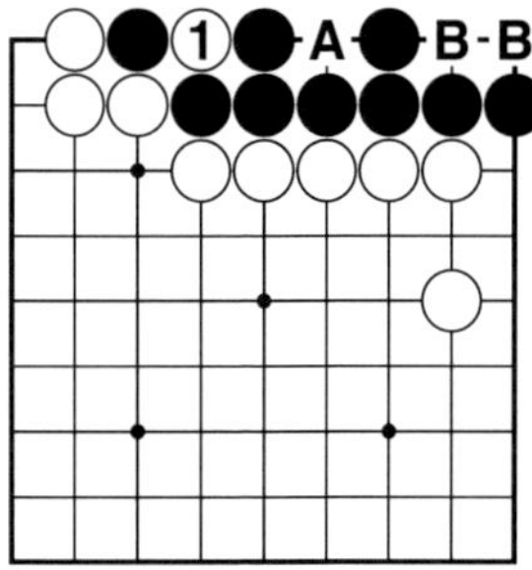

[118] Siyah kapatmassa, o zaman beyaz 1 yenebilir. Bu gerçek göz değildir. A ve B noktalar gerçekdir.

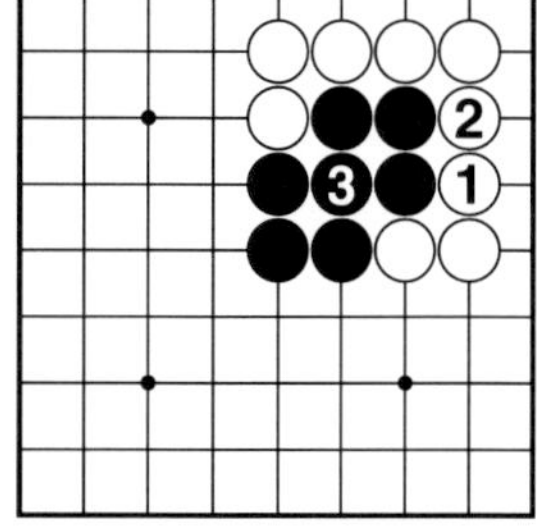

[119] Siyah beyaz'in 1'i ve 2'yi kapatmasi gereklidir, ondan nokta gerçek göz değildir.

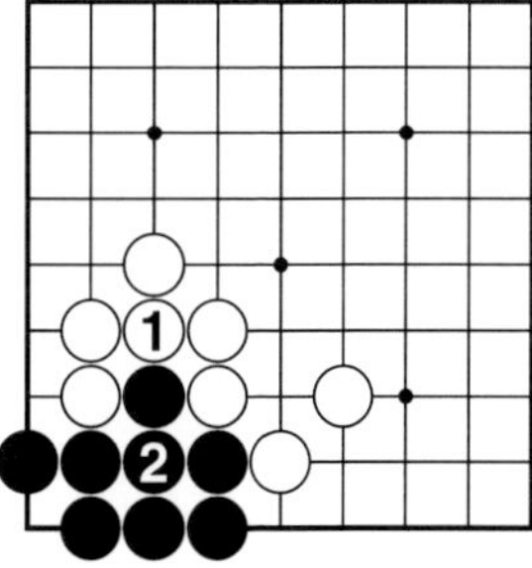

[120] Beyaz 1 Atari'dir. Kapatmak yardim etmez, çünkü grup'un tek bir gözü var ve onun için ölü.

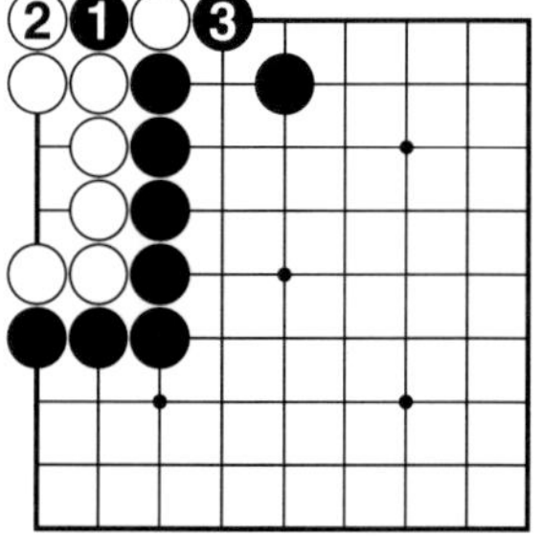

[121] Siyah 1 gözü sahte yapiyor. Beyaz 2'ye yenerse, o zaman siyah Atari 3'le yener.

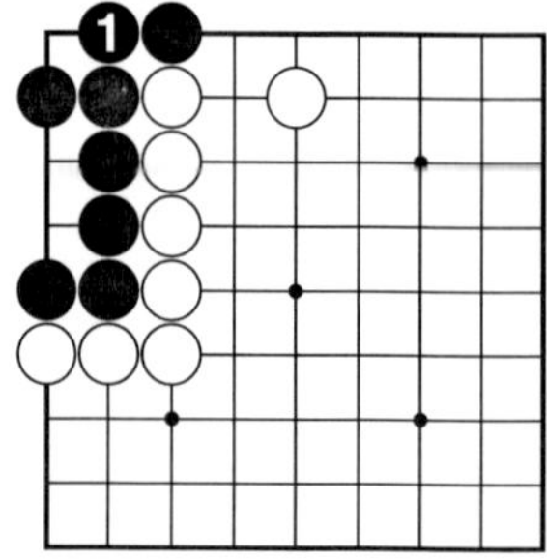

[122] Siyah 1 ikinci gerçek göze emniyet aliyor.

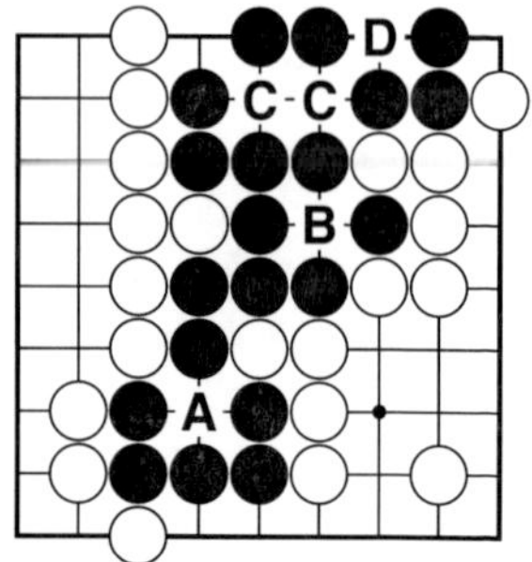

[123] A ve B noktalar sahte gözler; C ve D oysa gerçek gözler.

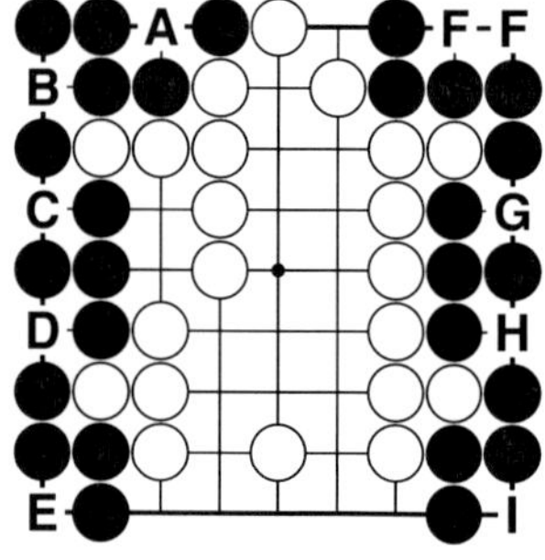

[124] A'dan E'ye kadar noktalar gerçek gözler, çünkü beyaz tek tek yenebilir. F'den I'ye kadar gerçek gözlerdir.

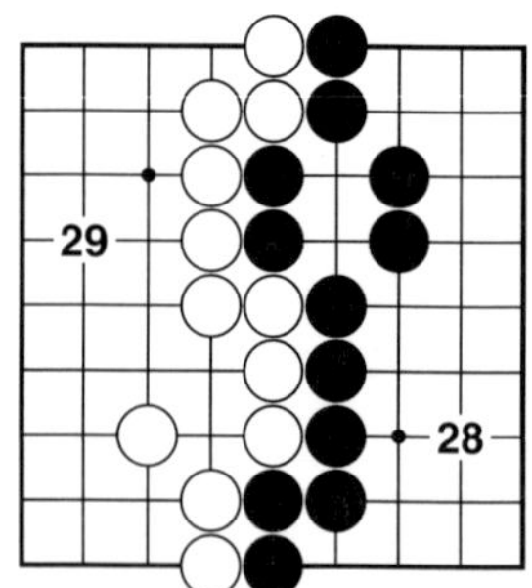

[125] Siyahin 28 puan'lari vardir ve beyaz 29. Siyah bir puan'la kaybediyor.

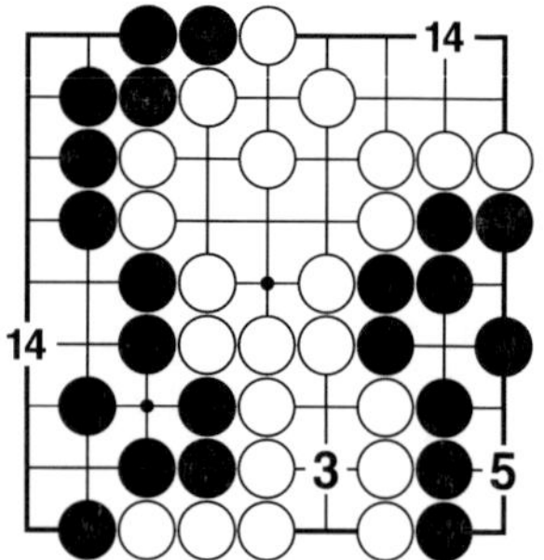

[126] Tüm siyahlarin 19 puan'lari var. Beyazin 17 puan'lari var. Siyah 2 puan'la kazaniyor.

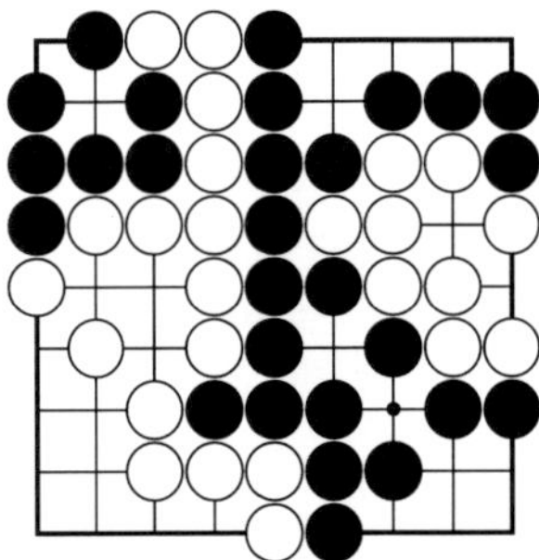

[127] Burda 14 puan siyah'in ve 14 puan beyaz'in var. Oyun kararsiz bitiyor.

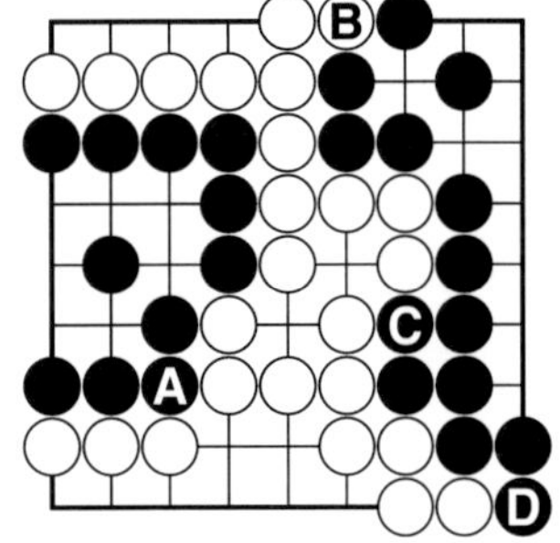

[128] A'dan D'ye kadar noktalar etkisizdir ve degişikli işgâl eder. Kim hangi noktaları alirsa farketmez. Siyah üc puan'la kazaniyor.

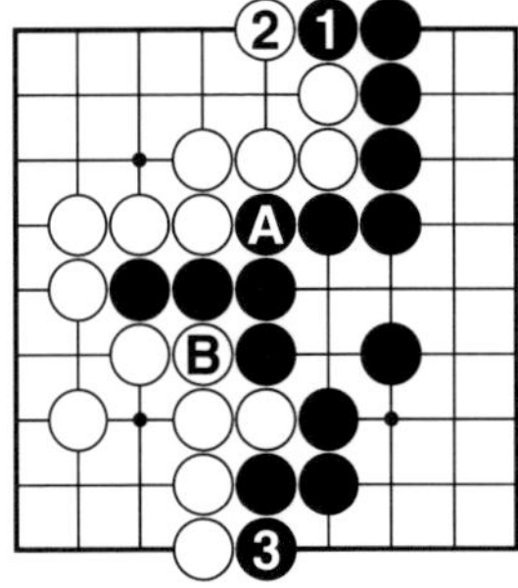

[129] Siyah 1 ve 3 puan'lar yapiyor. A ve B etkisiz noktadir ve degişikli işgâl eder. Siyah bir puan'la kazaniyor.

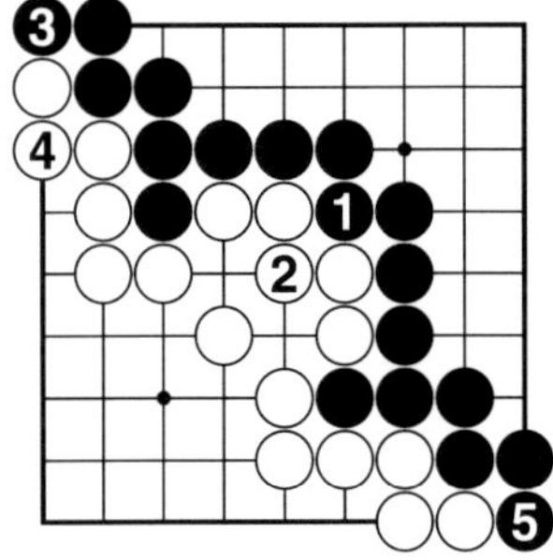

[130] Siyah 1 cift-Atari tehlikesi var, ondan beyaz 2'le kendisini kurtamasi gereklidir.

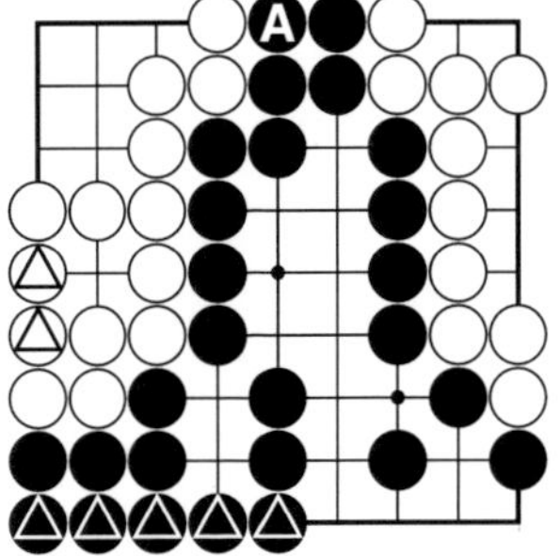

[131] Ölmüs taşlar geri verilir ve puan'lar azaltirir (işaretli taşlar). A tek etkisiz noktadir. Siyah dört puan'la kazaniyor.